PÈRE MANQUANT
FILS MANQUÉ

Catalogage avant publication de Bibliothèque et Archives nationales du Québec et Bibliothèque et Archives Canada

Corneau, Guy

Père manquant, fils manqué : que sont les hommes devenus

Comprend des références bibliographiques.

ISBN 978-2-7619-4033-7

1. Carence paternelle. 2. Pères et fils. 3. Familles sans père. 4. Pères absents. 5. Psychanalyse. I. Titre.

BF723.P33C67 2014 155.9'24 C2014-940951-6

08-14

Dépôt légal: 2003
Bibliothèque et Archives nationales du Québec

ISBN : 978-2-7619-4033-7

DISTRIBUTEURS EXCLUSIFS:

Pour le Canada et les États-Unis:
MESSAGERIES ADP inc.*
2315, rue de la Province
Longueuil, Québec J4G 1G4
Tél.: 450 640-1237
Télécopieur: 450 674-6237
* filiale du Groupe Sogides inc.,
filiale de Québecor Média inc.

Pour la France et les autres pays:
INTERFORUM editis
Immeuble Paryseine, 3, Allée de la Seine
94854 Ivry CEDEX
Tél.: 33 (0) 4 49 59 11 56/91
Télécopieur: 33 (0) 1 49 59 11 33
Service commandes France Métropolitaine
Tél.: 33 (0) 2 38 32 71 00
Télécopieur: 33 (0) 2 38 32 71 28
Internet: www.interforum.fr
Service commandes Export – DOM-TOM
Télécopieur: 33 (0) 2 38 32 78 86
Internet: www.interforum.fr
Courriel: cdes-export@interforum.fr

Pour la Suisse:
INTERFORUM editis SUISSE
Case postale 69 – CH 1701 Fribourg – Suisse
Tél.: 41 (0) 26 460 80 60
Télécopieur: 41 (0) 26 460 80 68
Internet: www.interforumsuisse.ch
Courriel: office@interforumsuisse.ch
Distributeur: OLF S.A.
ZI. 3, Corminboeuf
Case postale 1061 – CH 1701 Fribourg – Suisse
Commandes: Tél.: 41 (0) 26 467 53 33
Télécopieur: 41 (0) 26 467 54 66
Internet: www.olf.ch
Courriel: information@olf.ch

Pour la Belgique et le Luxembourg:
INTERFORUM editis BENELUX S.A.
Fond Jean-Pâques, 6
B-1348 Louvain-La-Neuve
Téléphone : 32 (0) 10 42 03 20
Fax : 32 (0) 10 41 20 24
Internet: www.interforum.be
Courriel: info@interforum.be

Gouvernement du Québec – Programme de crédit d'impôt pour l'édition de livres – Gestion SODEC – www.sodec.gouv.qc.ca

L'Éditeur bénéficie du soutien de la Société de développement des entreprises culturelles du Québec pour son programme d'édition.

Conseil des Arts du Canada | Canada Council for the Arts

Nous remercions le Conseil des Arts du Canada de l'aide apportée à notre programme de publication.

Nous reconnaissons l'aide financière du gouvernement du Canada par l'entremise du Fonds du livre du Canada pour nos activités d'édition.

GUY CORNEAU

PÈRE MANQUANT FILS MANQUÉ

Que sont les hommes devenus ?

LES ÉDITIONS DE L'HOMME
Une société de Québecor Média

À mon père, Alcide,
pour sa fidélité silencieuse.

INTRODUCTION

Le Dr Hubert Wallot, médecin et professeur à l'Université du Québec à Chicoutimi, s'étonnait, devant une commission parlementaire sur la santé mentale, qu'il n'existât pas de conseil de la condition masculine. Statistiques à l'appui, il s'attacha à démontrer la précarité de la santé générale des hommes :

« Lors de l'enfance et de l'adolescence, les hommes présentent plus souvent [que les femmes] un retard mental, des troubles de l'attention associés à l'"hyperactivité", des troubles de la conduite, de l'"hyperanxiété", des difficultés schizoïdes, des tics transitoires ou chroniques, du bégaiement, de l'énurésie et de l'encoprésie fonctionnelles [uriner et déféquer involontairement], du somnambulisme et de la terreur nocturne, de l'autisme, des troubles de développement persistants et spécifiques, comme la dyslexie.

« À l'âge adulte, les hommes occupent une place importante dans les catégories des troubles de la personnalité paranoïde, compulsive et antisociale (comme l'atteste leur nombre élevé dans les prisons). Les hommes dominent de loin en matière de transsexualisme, d'homosexualité et de perversions sexuelles[1]. »

Le Dr Wallot note aussi que, dans une proportion de quatre pour un, les hommes souffrent d'alcoolisme et de toxicomanie ; ils dominent également, dans une proportion de trois pour un, dans les suicides et dans les comportements à hauts risques. Finalement, ils sont aussi en

1. O'NEIL, Huguette, « Santé mentale : les hommes, ces grands oubliés… », dans *L'Actualité Médicale*, 11 mai 1988, p. 27. (Les crochets sont de l'auteur.)

surnombre pour ce qui est de la schizophrénie. Et le médecin de conclure que *l'absence fréquente du père et de modèles masculins auprès du jeune enfant « paraît expliquer certaines difficultés de comportement reliées à l'affirmation de l'identité sexuelle chez l'homme*[2] ».

Pour résumer, ou pourrait dire que, sous le couvert de leur indépendance, les hommes ont besoin d'aide et cherchent leur père. J'ai pu constater moi-même cette grande soif masculine, ce grand besoin des mâles de se retrouver et de faire le point. Au printemps 1987, à la suite d'une conférence intitulée « La peur de l'intimité et l'agressivité réprimée chez les hommes », j'entrepris de réunir un groupe d'hommes pour un atelier d'une journée. Le samedi matin, ils étaient vingt et un à m'attendre dans le corridor du local du Cercle C. G. Jung de Montréal : des pères de famille, des divorcés, des célibataires, des homosexuels, un punk, un cuisinier, un décorateur, un comptable, des artistes, des assistés sociaux, des thérapeutes, des fonctionnaires, des enseignants ; des individus ayant entre vingt et cinquante ans. Ce fut le coup de foudre, une journée de confidences fulgurantes ! Tous les participants déclarèrent ensuite qu'ils voulaient continuer le travail sur une base régulière.

À la première question que je jetai sur la table : « Vous sentez-vous homme ? » pas un seul – même les plus âgés ayant vingt ans de vie conjugale et parfois des enfants – ne répondit positivement ! Parce que, justement, le sens d'identité ne correspond pas nécessairement à l'expérience vécue mais beaucoup plus à cette impression intérieure d'avoir ou non une fondation.

C'est de ce manque de fondation chez les hommes actuels que je veux parler dans ce livre. Je veux parler de ces misères d'hommes qui se confessent dans les groupes et de ce que j'entends chaque jour dans la solitude de mon cabinet d'analyste. Je veux aussi parler de ce que nous avons commencé à ouvrir et à explorer ensemble, à savoir la fragilité de l'identité masculine.

2. *Ibid.* (Propos cités par Huguette O'Neil.)

Celle-ci se trouve peut-être reflétée dans le fait suivant : assez typiquement, beaucoup d'hommes, aujourd'hui, choisissent d'avoir un premier enfant entre trente-cinq et quarante ans, ce qui représente un retard, si l'on peut parler ainsi, par rapport aux générations précédentes. Ce laps de temps ne nous permet-il pas de mesurer le temps qu'il faut aux hommes actuels pour consolider leur identité et devenir père à leur tour ? Même s'il existe beaucoup d'autres facteurs qui entrent en jeu pour les enfants du boom de l'après-guerre : des philosophies plus individualistes, un accès plus facile au confort, l'augmentation du stress, des bouleversements technologiques se succédant à une cadence effrénée, sans parler de la grande incertitude qui règne à propos du sort réservé à notre planète. Il demeure intéressant, cependant, de poser ces questions sous un angle exclusivement psychologique. C'est ce que je tenterai de faire dans ce livre.

Le matériel clinique en constitue sans doute la matière première. Il va de soi que tous les cas ont été déguisés, sauf pour ce qui est des détails essentiels, et que le matériel, quel qu'il soit, n'est jamais utilisé sans le consentement de celui à qui il appartient. En outre, il est bon de garder à l'esprit que mes exemples et mes interprétations ne touchent qu'une facette de la personne ; un seul fragment de la personnalité d'un individu se trouve ainsi présenté chaque fois : celui qui est nécessaire à mon propos. Il serait donc malséant de noircir les cas en question en pratiquant une réduction outrancière ou une généralisation malvenue de ce matériel forcément incomplet. D'autant plus qu'à plusieurs reprises j'ai créé des personnages fictifs en regroupant des expériences vécues par des personnes différentes.

Et il y a aussi les images symboliques du rêve, les images de l'inconscient, qui sans cesse viennent alimenter le texte et l'enrichir. Ces images ont l'immense avantage de nous donner un appui moins abstrait pour discuter d'un thème ; elles s'adressent directement à l'univers émotif. Comme le disait Jung, il n'y a rien de moins scientifique que l'analyse des rêves ; cependant, leur pertinence frappe l'esprit et nous amène à réfléchir sur l'inconnu qui nous habite. Au fond, n'est-ce pas en imaginant profondément une chose, en essayant de mettre une image sur une émotion, en laissant monter en soi un fantasme inavouable que nous pénétrons le plus adéquatement dans la nature des phénomènes psychiques, que nous arrivons à les objectiver pour dialoguer avec eux ? Les histoires mythologiques jouent le même rôle : elles mettent en perspective nos expériences contemporaines en faisant ressortir ce qu'elles ont d'éternellement humain.

Ce livre est la synthèse de ce que j'ai lu, vu, entendu et ressenti à propos des hommes et de ma propre vie d'homme depuis trois ans. Je ne crois pas que les idées élaborées ici soient complètes ou fassent le tour de la question. Ce n'est d'ailleurs pas le but de mon entreprise. Je ne tiens pas non plus à « avoir raison ». De fait, je me suis attaché aux seuls thèmes qui m'agrippaient de l'intérieur.

La question du père et de l'identité masculine surgit actuellement dans l'esprit du temps à partir des tréfonds de l'inconscient collectif. Il me semble que le mieux que nous puissions faire est d'accepter de la considérer, et de saisir les nouvelles données évolutives qui veulent venir au jour. C'est vers le futur que nous sommes poussés par les images qui nous habitent. Je ne sais pas ce qu'est l'homme, encore moins ce qu'il devrait être. J'essaie plutôt de le sentir et d'en faire l'expérience intime. J'essaie de laisser advenir l'homme en moi.

À mon sens, il n'y a pas de modèle d'homme idéal, tout comme il n'y a pas de famille idéale. Nous sommes tous issus d'un passé plus ou moins déficitaire qui nous projette en avant, nous forçant à des adaptations créatrices. Beaucoup de nos parents ont dû répondre à des nécessités matérielles ; leur conscience est largement définie par le besoin d'assurer la survie au niveau physique. Ils parlent à travers leurs gestes et taisent leur amour comme leur peine. Ils ont de la difficulté à dégager leur individualité de leurs fonctions de père ou de mère, et ils se sentent maladroits quand nous leur demandons d'exprimer leurs états intérieurs.

À travers la fenêtre de notre propre conscience, nous entrevoyons un monde tellement différent du leur qu'il semble parfois que toute possibilité de dialogue soit compromise. C'est que les cadres de notre fenêtre sont psychologiques et nous font entrevoir l'univers comme un réseau de relations psychologiques. Mais il ne faut pas oublier que c'est l'accès à la sécurité matérielle et à l'instruction, accès que nous devons aux sacrifices de nos parents, qui nous permet de répondre aux besoins plus intérieurs qui sont aujourd'hui les nôtres.

Ce ne sont pas les pères et les mères que je juge dans ce livre, c'est le silence qui nous a tous enveloppés. Le rôle des fils est, maintenant, de briser ce silence. L'âme du monde, qui se tapit toujours là où il y a trouble et désordre, travaille maintenant les hommes. Nous sommes assis sur la chaise brûlante du changement.

CHAPITRE PREMIER

Le père manquant

Et les psychanalystes de faire assaut d'imagination; on pourrait concevoir
un père imaginaire, un père symbolique ou un père réel (à condition
de prendre la précaution de dire que le réel n'existe pas),
toute cette abondance de signifiants autour du père
ne cache qu'une chose: c'est que le signifié père est vide[1].

CHRISTIANE OLIVIER

Le silence du père

À peine ai-je entamé ce chapitre que mon rêve de la nuit dernière me revient à l'esprit:

Je dois aider une Jane Fonda brune, séduisante et dynamique, à accompagner un vieil homme de stature imposante au deuxième

1. OLIVIER, Christiane, «Pères empêchés», dans *Autrement* (Pères et fils), n° 16, Paris, juin 1984, p. 205.

étage d'un immeuble voisin afin qu'il puisse aller à la toilette. Venu le temps de monter les escaliers, l'homme se place carrément derrière moi et s'agrippe à ma ceinture ; il demeure passif et la montée se révèle très pénible ; je dois littéralement le traîner. J'éprouve toute sa lourdeur, et ma ceinture, tendue au point d'éclater, me rentre cruellement dans le corps.

Au seuil de mon entreprise, ce rêve me donne à réfléchir. Comme il est douloureux, en effet, de faire ressurgir le passé, et de tirer ce vieil homme, qui le symbolise, jusqu'au lieu où il pourra se « soulager ». Comme il est accablant, ce passé : il me scie le corps. Comme il est lourd de faire « monter » à la conscience l'expérience vécue avec le père.

Heureusement que Jane Fonda est là pour m'accompagner dans ce véritable *Work Out !* Dans le rêve, c'est d'ailleurs pour elle que je le fais, comme si mon anima[2], représentée par l'actrice, une virtuose de l'expression, exigeait le bris du silence héréditaire.

Tant de choses remontent à la surface : les bons comme les mauvais moments de la relation avec mon père. Je me rappelle nos jeux, nos complicités contre ma mère ; je me rappelle aussi les histoires de son enfance, pauvre mais heureuse, « dans les bois », ses années de travail comme bûcheron, sa venue à la ville : toutes ces histoires qui étaient devenues de véritables mythes et que je ne me lassais pas d'entendre. Et soudain, à la puberté, au moment où j'avais le plus besoin de lui, il m'a fait faux bond. Il s'est évanoui, il a disparu.

En fait, c'est moi qui ai disparu en devenant pensionnaire au Séminaire. Au début, je sortais quatre heures par semaine. Je me remémore mes espoirs sans cesse renouvelés, de dimanche en dimanche, de voir surgir une conversation entre nous. Je m'asseyais

2. L'anima représente pour Jung la partie féminine d'un homme, et l'animus la partie masculine de la femme. Il s'agit en fait de la contrepartie sexuelle que chacun/e porte en soi puisque le sexe n'est déterminé que par un seul chromosome. L'anima est la personnalité intérieure, inconsciente d'un homme, son pont vers le monde intérieur.

dans le fauteuil de ma mère, tout près de celui où mon père lisait son journal. Je voulais tant qu'il me dise quelque chose, qu'il me parle, à moi, qu'il me raconte n'importe quoi à propos de son travail ou des fusées qui volaient dans l'espace. Je m'efforçais de trouver des questions qui sauraient l'intéresser. Je faisais l'« homme », j'avais tellement besoin qu'il me reconnaisse. Peine perdue. Peut-être ne l'intéressais-je pas, ou encore sentait-il que son devoir était accompli ? Après tout, n'était-ce pas grâce à lui que j'allais recevoir l'instruction dont il avait si cruellement manqué ?

Plus tard, lorsque j'achevai mes études, – et que mon père souffrait toujours de ne pas en avoir fait – nous avons esquissé quelques conversations qui nous ont menés à de véritables culs-de-sac. La manière avec laquelle il défendait ses positions ne m'accordait aucune place ; c'était du moins l'impression que j'en avais. Il me laissait seul, sans reconnaissance encore une fois ; mes arguments ne valaient rien et ne pouvaient rien valoir : j'avais beau essayer, je n'étais pas un homme. S'il avait pu savoir combien je le cherchais, combien j'avais besoin de lui. Si j'avais pu le lui dire.

Je me rappelle – j'étais tout petit encore – que mon père, lorsqu'il recevait la visite de ses frères, passait l'après-midi entier au sous-sol, discutant avec eux du sens de la vie, de Dieu. Assis sur les marches de l'escalier et recevant les échos de leurs conversations, j'étais ravi ; j'avais tellement hâte d'être grand pour pouvoir parler à mon tour. Hélas, quand je le devins, mon père eut peur de discuter avec moi car mes valeurs différaient trop des siennes. Il ne faisait que me culpabiliser par son silence. Je me retrouvais une fois de plus dans cette chaise de la mère, en attente de la parole du père. Je m'y retrouvais, timide, bâillonné, à la recherche d'un mot, d'un membre, d'un phallus ; quêtant la confirmation de ma réalité d'homme. Mais le silence de mon père m'ordonnait de demeurer à jamais un petit garçon fasciné par une réserve que je prenais pour de la fermeté.

Ce sont là les bribes d'une petite histoire qui n'a vraiment rien de tragique ; après tout, j'avais un père plus présent que la majorité des adolescents de mon âge. Pourtant, cette histoire me fait encore mal. Même aujourd'hui, quand je veux parler sérieusement avec mon père, j'ai le souffle coupé ; je ressens cette lourdeur, cette barrière invisible et si difficile à franchir, comme si lui adresser la parole était tabou. Oui, la barrière est encore là, malgré notre bonne volonté à tous les deux, à la différence près que, maintenant, je m'en sens tout autant responsable que lui. J'aime mon père, mais je ne sais comment abattre ce mur. Par moments, il me semble même indécent de vouloir l'abattre. De quoi avons-nous donc tellement peur ?

La loi du silence

À travers ma pratique analytique et mes conférences, j'ai pu constater que cette souffrance était loin d'être uniquement mienne. Tous les hommes vivent plus ou moins dans un silence héréditaire qui se transmet d'une génération à l'autre et qui nie le désir de chaque adolescent d'être reconnu, voire confirmé par le père. Comme si nos pères avaient été pris dans une sorte de loi du silence décrétant que celui qui parle risque sa vie pour avoir trahi un secret.

Nos paternels ont fui dans les bois, les tavernes, le travail. Ils se sont également réfugiés dans leur auto, dans la lecture du journal, devant la télévision. Ils ont souvent préféré une évasion vers un monde abstrait et synthétique, au mépris du présent, du quotidien, du corps. L'homme d'hier et d'aujourd'hui cède au chant puissant des médias qui, tels des sirènes, attirent leur Ulysse. L'accoutumance aux médias, tout comme à une drogue dont on ne peut plus se passer, lui évite d'avoir à parler, d'avoir à s'incarner ou à entrer en relation. Pseudo-indépendance de l'homme, repli sur soi qui n'en a pas l'air.

Au fond, il est impossible de jeter la faute sur nos pères, eux-mêmes victimes de l'histoire. De toute évidence, nous sommes très loin aujourd'hui de la niche écologique de notre espèce grâce à laquelle les fils de la tribu avaient régulièrement accès aux pères et pouvaient les observer dans leurs pratiques. En effet, les hommes contemporains ont peu d'occasions de vivre et d'actualiser leur potentiel masculin en présence de leur père. Depuis les débuts de l'ère industrielle, il y a de moins en moins de contacts prolongés entre les pères et les fils. Une distorsion semble s'être introduite entre les besoins innés des fils et les comportements des pères actuels ; ces pauvres pères se retrouvent impuissants à conjurer le sort qui leur échoit. Le vide se fait davantage sentir du côté paternel à mesure que s'écroulent les habitudes ancestrales, facteur contribuant de plus en plus au désordre de l'identité masculine.

Le syndrome du vaincu

Le Québec peut servir de cas particulier dans l'étude de cette dérive d'un masculin qui est en train de se vider de sa substance. Ici, le déclin occidental de la virilité a été accentué par la conquête de la Nouvelle-France par l'Angleterre en 1760. Cette mainmise a créé chez les pères québécois une disposition à des comportements de dominés et de vaincus. L'expression populaire « être né pour un petit pain » la reflète d'ailleurs assez bien. Nos complexes d'infériorité nous amènent à pratiquer le rapetissement systématique. Nos plus grands hommes politiques deviennent des « ti-gars ». Jusqu'à René Lévesque qu'on surnommait « Ti-poil » !

Cependant, si l'on en croit Heinz Weinmann, auteur de l'ouvrage *Du Canada au Québec*, ce n'est pas tant la conquête qui fut douloureuse que l'échec de la révolte de 1837 contre le conquérant anglais[3]. Cela se comprend facilement du point de vue psychologique : la Conquête fut passive — le Québec changeant simplement de parents adoptifs — et fit même l'affaire de nombreux habitants qui espéraient plus de largesses du roi anglais. Quant à la révolte de 1837, elle

3. WEINMANN, Heinz, *Du Canada au Québec, généalogie d'une histoire*, coll. Essai, L'Hexagone, Montréal, 1987, p. 17.

prend une tout autre dimension : un acte d'autonomie y est brisé. La manifestation active et soutenue d'une première volonté d'indépendance se termine par un échec cuisant.

L'homme québécois, humilié et battu dans son désir de s'affranchir, porte une tare. Au niveau individuel, de telles blessures d'amour-propre font qu'un être adopte des comportements de retrait ; se sentant inférieur, il se cache. Sur le plan collectif, nous assistons au même phénomène.

À un certain niveau, ne pourrions-nous pas dire que, lorsque la Révolution industrielle vient briser la filiation naturelle, tous les pères occidentaux se retrouvent conquis, et tous les fils blessés dans leur amour-propre ?

« Père, pourquoi m'as-tu abandonné ? »

Pour autant que les mythes nous révèlent les structures de base de l'histoire, nous pourrions dire que le silence du père et la plainte du fils se trouvaient déjà annoncés par le mythe chrétien. Le mythe central qui a guidé les derniers millénaires de notre évolution est étonnamment marqué par l'absence du père. Tout au début, saint Joseph verra sa paternité niée et il participera très peu à la vie active de son fils Jésus. On ne le retrouvera pas au bas de la Croix avec Marie et les autres apôtres. Et c'est bien Marie, tenant son fils mort dans ses bras, que Michel-Ange immortalisera dans sa *Pietà*. Les dernières paroles du Christ sur la Croix, quant à elles, ne peuvent être plus explicites : « Père, pourquoi m'as-tu abandonné ? »

Le père absent

Plus concrètement, si nous regardons les chiffres concernant l'absence littérale du père du foyer, nous constatons que le problème du père absent est généralisé. Par exemple au Canada, selon les données du recensement de 1986, près d'un enfant sur sept vit dans une famille sans père. Une famille sur cinq est monoparentale (18,8 p. 100 des familles) et, de ces familles monoparentales, 79 p. 100

sont dirigées par des femmes seules; les familles monoparentales réunissent 16 p. 100 des enfants vivant à la maison, 13 p. 100 sont des familles sans père[4].

Au Québec, cette proportion augmente : un enfant sur six vit sans père. Vingt pour cent des familles sont monoparentales, 79 p. 100 d'entre elles étant également dirigées par des femmes ; ces familles réunissent 18 p. 100 du total des enfants, dont 14 p. 100 se retrouvent sans père[5]. Aux États-Unis, un enfant sur cinq vit dans une famille sans père. En fait, un enfant sur quatre vivrait en situation monoparentale, et 89 p. 100 des familles seraient menées par des femmes[6].

En France, selon les données fournies par l'INSEE à partir du recensement de 1982, 1 307 860 enfants de zéro à vingt-quatre ans vivent dans des familles monoparentales dont le parent est une femme. La fédération syndicale des familles monoparentales estime qu'en 1988 presque 2 000 000 d'enfants vivent avec un seul parent dont 85 p. 100 sont des femmes; ce qui signifie qu'il y aurait actuellement 1 700 000 enfants vivant sans père en France. En Suisse il y avait, en 1980, 170 485 enfants vivant sans père. Mais ces chiffres étonnants parlent uniquement de l'absence littérale du père; ils ne nous disent pas si les pères qui sont présents à la maison sont adéquats ou non.

---

4. Selon les données intégrales du recensement de 1986, il y a 4 533 430 familles avec enfants au Canada; 853 640 sont monoparentales, 701 905 sont dirigées par des femmes et 151 740 par des hommes. Il y a 8 578 340 enfants vivant en situation familiale, dont 1 368 060 dans des familles monoparentales : 1 129 000 dans des familles monoparentales dirigées par des femmes, et 239 065 enfants vivant dans des familles monoparentales dirigées par des hommes. (Source : *Statistique Canada.*)

5. Selon ce même recensement, il y a 1 214 060 familles avec enfants au Québec; 255 810 d'entre elles sont monoparentales, 208 630 sont dirigées par des femmes, et 44 180 le sont par des hommes. Les familles monoparentales concernent 394 300 enfants sur un total de 2 222 085 enfants vivant à la maison ; 325 895 enfants vivent seulement avec leur mère et 68 415 avec leur père. (Source : *Statistique Canada.*)

6. Cette statistique a été donnée par Radio-Canada, CBC Télévision, magazine d'informations *Le Point*, 4 avril 1988.

Le père manquant

Le terme « manquant », que j'utilise dans le titre de ce volume, se veut beaucoup plus général que le terme « absent ». Le sens que je donne à l'expression « père manquant » recouvre tout autant l'absence psychologique que physique du père, il signifie autant l'absence d'esprit que l'absence émotive ; il contient également la notion d'un père qui, malgré sa présence physique, ne se comporte pas de façon acceptable ; je pense ici aux pères autoritaires, écrasants et envieux des talents de leurs fils, dont ils piétinent toute initiative créatrice ou toute tentative d'affirmation ; je pense enfin aux pères alcooliques, dont l'instabilité émotive garde les fils dans une insécurité permanente.

Les fils manqués

Pour ce qui est du terme « fils manqués », au risque de faire un mauvais jeu de mots, j'ai voulu souligner le fait qu'il n'y a pas de filiation entre les pères et les fils. Ce n'est pas tant que les fils soient « manqués » au sens propre du mot, mais plutôt « en manque » de pères. Ainsi, le manque d'attention du père a eu pour conséquence que le fils n'a pu s'identifier à lui afin d'établir son identité masculine ; de même, il n'a pu se sentir suffisamment confirmé et sécurisé par la présence du père pour passer au stade d'adulte. Ou encore, l'exemple d'un père violent, mou ou toujours saoul lui a répugné au point qu'il a carrément refusé de s'identifier au masculin ; il s'est alors attaché, non seulement à le mépriser, mais encore à ne lui ressembler en aucune façon.

La fragilité de l'identité masculine

Le silence des pères consacre la fragilité de l'identité sexuelle des fils. En effet, la personnalité se constitue et se différencie par une série d'identifications. L'identification est un « processus psychologique par lequel un sujet assimile un aspect, une propriété, un attribut de l'autre et se transforme totalement ou partiellement à partir de ce modèle[7] ». Pour pouvoir être identique à soi-même, il faut avoir été identique à quelqu'un ; il faut s'être structuré en incorporant, en « mettant dans son corps », en imitant quelqu'un d'autre.

Mais pour que ce mouvement même se produise, il faut avoir obscurément reconnu un élément commun chez l'autre. Ce mouvement est porté par ce que Freud a nommé un fantasme originaire, qui nous lie à l'autre. Jung devait donner par la suite le nom d'« archétype » à cette tendance innée, qui pousse par exemple un fils à se reconnaître dans son père.

La femme est, l'homme doit être fait

Le premier investissement d'objet, la première identification, pour tout enfant, s'effectue sur sa mère. Or, pour devenir « homme », le jeune mâle doit passer de cette identification primaire à la mère à l'identification au père. Ce transfert d'identification est délicat et périlleux, à tel point que les sociétés tribales le marquaient par des rites « initiatiques ». Ceux-ci avaient pour fonction d'aider les adolescents à commencer leur vie d'homme adulte, à y être initiés.

L'initiation des adolescents mâles est l'un des rites les plus structurés et les plus répandus à travers le monde ; les rites concernant les adolescentes, bien qu'existants, sont moins universels et souvent moins élaborés. En effet, en ce qui se rapporte à l'identité sexuelle, nous pourrions dire que si la femme « est », l'homme, lui, doit être « fait »[8]. En d'autres mots, les menstruations, qui ouvrent à l'adolescente la possibilité d'avoir des enfants, fondent son identité féminine ; il s'agit, pour ainsi dire, d'une initiation naturelle qui la fait passer de l'état de fille à celui de femme ; par contre, chez l'homme, un processus éducatif doit prendre la relève de la nature afin de briser l'identification première avec la mère. Le rite initiatique avait pour

7. LAPLANCHE, J. et PONTALIS, J.-B., *Vocabulaire de la psychanalyse*, Presses Universitaires de France, Paris, 1967, p. 184.
8. STEVENS, Anthony, *Archetypes, a Natural History of the Self*, William Morrow, 1982, p. 154.

but de rendre officielle la séparation d'avec la mère et de faire passer l'adolescent au rang d'homme.

De fait, les rites d'initiation des adolescents sont tellement répandus que nous sommes en droit de nous demander si la masculinité des fils s'éveillerait si elle n'y était pas forcée. Les biologistes affirment, en tout cas, qu'au niveau embryonnaire, nous sommes tous « femme » d'abord ; en effet, au tout début de la grossesse, les caractères masculins de l'embryon ne sont pas discernables. Cela semble nous souffler gentiment à l'oreille que le masculin est, pour ainsi dire, une « qualité ajoutée » ; peut-être est-ce cela qui consacre sa fragilité.

Au niveau psychologique, du moins, cette réalité biologique semble expliquer le fait que l'identité masculine a un constant besoin de renforcement et qu'elle doit être soutenue régulièrement par d'autres présences masculines pour pouvoir demeurer stable. D'ailleurs, il existe bel et bien des peuplades où les hommes tricotent et où les femmes vont aux champs, comme si la « mâlitude » restait endormie quand elle n'est pas initiée par un rituel.

Le monde tribal voyait l'identification au père comme subséquente à l'identification à la mère. Et il est intéressant de constater que, spontanément, la famille monoparentale retrouve ce modèle quand, à la puberté, le fils exprime l'envie d'aller vivre avec son père. En réalité, plusieurs identifications ont lieu en même temps dans la psyché. Mais, pour que le fils se reconnaisse dans son père, il faut que le père soit là.

Le triangle père-mère-fils

Pour évoluer, un homme doit être capable de s'identifier à sa mère et à son père. Le triangle « père-mère-fils » doit pouvoir se former et venir remplacer la dyade « mère-fils ». Or, si le père est absent, il n'y a pas de transfert d'identification de la mère au père ; le fils demeure alors prisonnier de l'identification à la mère. L'absence du père signifie automatiquement une influence accrue de la mère, alors chargée d'une responsabilité trop lourde pour ses seules épaules. Dans ces circonstances, la triangulation n'a pas l'occasion de se faire, ou elle se fait mal; l'effet immédiat est qu'en ce qui concerne leur identité sexuelle, les fils demeurent des colosses aux pieds d'argile.

D'ailleurs, s'il est souvent question de la mère dans les portraits d'hommes qui suivront, il faut garder à l'esprit qu'il s'agit bel et bien d'une histoire à trois, d'un triangle amoureux. À cet égard, la littérature analytique, qui a amplement décrit l'influence des mères sur leurs fils, a bien souvent oublié de mentionner que, si celles-là étaient tellement présentes et omnipotentes, c'est que les pères étaient tout simplement manquants.

Le père présent

Le père est le premier *autre* que l'enfant rencontre en dehors du ventre de sa mère. Assez indistinct pour le nouveau-né, le père incarne d'abord la non-mère et donne forme à tout ce qui n'est pas « elle ». Il devient le troisième élément dans cette histoire d'amour, introduisant un facteur de séparation entre la mère et l'enfant. Par sa simple présence, il provoque la différenciation; en réclamant sa femme, il met un terme à la symbiose paradisiaque dans laquelle vivent mère et enfant: « Ta mère est ma femme, elle m'aime aussi ! » L'enfant sent qu'il n'est plus l'unique objet de convoitise. Dans ce sens, le père incarne un principe de réalité et d'ordre dans la famille.

Cependant, à bien y penser, le véritable facteur de séparation entre la mère et l'enfant n'est pas le père, mais bien le désir, le désir pour le couple de se retrouver en dehors de l'enfant[9]. Ne serait-ce que pour permettre à ce désir de s'exprimer, la présence du père est importante. Il existe des pères qui mettent brutalement fin à la symbiose, mais c'est, la plupart du temps, parce qu'ils envient l'énorme attention accordée à l'enfant par leur compagne. En général, il en va bien autrement: le désir amoureux du couple se charge lui-même de briser la fascination exclusive dont jouit l'enfant et dont, en fait, il doit jouir un certain temps afin de s'assurer un départ sain dans la vie.

9. Je dois cette idée au Dr Élie Humbert, analyste jungien à Paris.

Le père va aider l'enfant dans la constitution d'une structure interne. Plus spécifiquement, sa présence va permettre au jeune enfant, et particulièrement au jeune mâle, l'accès à l'agressivité (affirmation de soi et capacité de se défendre), l'accès à la sexualité, au sens de l'exploration, ainsi qu'au logos, entendu comme une aptitude à l'abstraction et à l'objectivation.

Il facilitera également son passage du monde de la famille à celui de la société – une fonction assurément en mutation –, et ce tant pour la fille que pour le garçon. En effet, généralement, les enfants qui ont été bien « paternés » se sentent assurés dans la poursuite de leurs études, dans le choix d'une carrière ou dans la prise d'initiatives personnelles.

L'amour du père s'avère souvent plus conditionnel, à savoir que ce sont les réalisations de l'enfant qu'il va encourager : « Si tu réussis telle chose, je vais te donner ce que tu désires ! » Cette présence de l'élément « conditionnel » se révèle cruciale dans le développement du sens des responsabilités, du goût de se dépasser, et même du respect de la hiérarchie ; mais elle n'agira positivement que si elle est contrebalancée par l'affection dont les adolescents ont également besoin.

Avoir été aimé de façon non ambivalente par le père signifie qu'il s'est montré attentionné, qu'il s'est réellement intéressé à nos projets, tout en prenant la peine de poser lui-même certaines limites, créant ainsi le cadre sécurisant indispensable à notre développement harmonieux. Il ne s'est pas lâchement caché derrière sa femme pour imposer ses opinions et ses décisions ; il a su révéler ses forces et ses faiblesses plutôt que d'être simplement évasif, ou pire, bêtement autoritaire.

En assumant ses propres imperfections, le père ouvre à l'enfant un monde réel où l'on n'attend pas seulement de lui la perfection. Un monde où l'exercice du pouvoir ne devient pas nécessairement un exercice humiliant, où la compétition et l'émulation saines ne mènent pas obligatoirement à l'ulcère à l'estomac, où la compétence peut être une source de joie et non d'aliénation. « Les actes de paternité signifiants sont des gestes qui font l'équilibre entre l'attention et le soutien que requiert l'enfant et les limites qui doivent être posées à sa dépendance infantile[10]. »

Le « paternage » inadéquat

Un père peut être inadéquat en se comportant d'une façon inacceptable envers son fils. J'aimerais résumer, en quelques points, ce qui constitue une frustration trop grande imposée à l'enfant :

1. L'absence prolongée du père, peu importe la cause, qu'il s'agisse d'un abandon pur et simple ou d'un séjour à l'hôpital impliquant une longue séparation d'avec l'enfant.
2. Le manque de réponse du père aux besoins d'affection et d'attachement de l'enfant. Le père néglige les comportements par lesquels l'enfant démontre son besoin d'attention, et le rejette.
3. Les menaces d'abandon de la part du père, utilisées dans le but de punir ou de discipliner l'enfant. Il peut s'agir de menaces d'abandonner la famille, de retirer son amour à l'enfant, de se suicider si l'enfant continue à agir comme il le fait, de le tuer, ou de tuer l'autre parent.
4. L'induction de culpabilité chez l'enfant. Il s'agit d'affirmations visant à rendre l'enfant responsable de la maladie ou même de la mort d'un des parents.
5. Un père qui s'accroche à son enfant ; dans le cas d'un père alcoolique par exemple, c'est l'enfant qui peut se sentir obligé de devenir le parent. Ainsi, il grandit trop vite pour son âge.

Je crois que ces attitudes, répertoriées par Anthony Stevens[11], résument éloquemment les principaux traumatismes dont parlent les clients en thérapie. J'en ajouterais deux : battre physiquement et régulièrement son fils, et en faire le bouc émissaire de la pathologie familiale.

---

10. SHAPIRO, Stephen A., *Manhood, A New Definition*, G. P. Putnam's Sons, New York, 1984, p. 97. (Traduction de l'auteur.)

11. STEVENS, Anthony, *op. cit.*, p. 111. (Traduction de l'auteur.) J'ai adapté ces éléments au rapport père-fils, mais ils s'appliquent tout aussi bien au rapport que la mère peut entretenir avec ses enfants.

Ces comportements paternels provoquent chez le fils un manque de confiance en lui, une timidité excessive et une difficulté d'adaptation. Il manquera souvent de maturité et demeurera trop dépendant, souffrira d'angoisses, de dépression, d'obsessions, de compulsions et de phobies ; de plus, il aura tendance à réprimer fortement sa rage. Son désir ardent d'amour pourra se manifester de façon aberrante, par exemple au moyen de tentatives de suicide à demi voulues, de fugues, de fausses maladies, de paroles culpabilisantes et de manipulations de toutes sortes.

On peut remarquer également que, plus les manques se font sentir à cause de l'« absence » du père, plus ils sont compensés par une idéalisation inconsciente. Celui dont le père a quitté le foyer idéalise ce dernier ou recherche constamment dans la réalité une figure de père idéale. Il sera souvent aveuglé par son désir, au point de mal évaluer celui à qui il a affaire, et se verra trahi, de nouveau, par une figure paternelle de remplacement.

Ce que les chercheurs en disent

Les fils qui n'ont pas reçu de « paternage » adéquat font souvent face aux problèmes suivants : à l'adolescence, ils tombent dans la confusion par rapport à leur identité sexuelle et présentent souvent une féminisation du comportement ; ils possèdent une estime de soi défaillante ; ils répriment leur agressivité et, par le fait même, leur besoin d'affirmation, leur ambition et leur curiosité exploratoire. Certains d'entre eux peuvent souffrir de blocages en ce qui concerne leur sexualité. Ils peuvent aussi avoir des problèmes d'apprentissage. Ils éprouvent souvent des difficultés à assumer des valeurs morales, à prendre des responsabilités et à développer un sens du devoir et de leurs obligations envers autrui. L'absence de limites se manifestera tout aussi bien dans la difficulté d'exercer une autorité que d'avoir à la respecter ; finalement, le manque de structure interne entraînera une certaine mollesse, une absence de rigueur et, en général, des complications dans l'organisation de leur propre vie. De plus, les recherches démontrent qu'ils sont plus enclins à devenir homosexuels que les fils qui ont eu des pères présents. Ils sont aussi plus susceptibles de développer des problèmes psychologiques[12] : au pire, ce sera la délinquance, la drogue et l'alcoolisme, le tout baignant dans une révolte sans fin contre la société patriarcale, révolte qui renverra bien au père manquant l'image de son absence.

Le père est important dès le début

Les psychologues ont cru jusqu'ici que le rôle du père débutait à la troisième ou à la quatrième année de l'enfant, quand celui-ci pouvait parler. Les psychanalystes sont parfois allés jusqu'à interpréter comme une frustration bénéfique et nécessaire la semi-présence du père dans la famille. Or, les trente dernières années de recherches en psychologie du développement ont réservé bien des surprises à leurs auteurs.

Aux États-Unis et en Norvège, plusieurs études, conduites auprès de populations de garçons qui présentaient des problèmes, ont abouti à des conclusions similaires, qui bouleversent bien des croyances : c'est au cours des *deux premières années* de leur existence que les garçons ont absolument besoin du père. En effet, les garçons observés avaient en commun d'avoir souffert de l'absence du père pendant les deux premières années de leur vie. Il s'agissait, pour la plupart, de fils de soldats, abandonnés alors qu'ils étaient encore en bas âge, ou encore de fils de marins dont les pères s'absentaient de la maison neuf mois par an. Or, on retrouve chez ces garçons les mêmes développements atypiques que chez les orphelins placés dans des foyers d'accueil inadéquats ou chez les fils de familles monoparentales élevés en vase clos et manquant dès lors de substituts paternels. Chez tous les fils sans père, on retrouve systématiquement une déficience sur le plan social, sexuel, moral ou cognitif.

---

12. BILLER, Henry B., « Fatherhood : Implications for Child and Adult Development », dans *Handbook of Developmental Psychology*, publié sous la direction de Benjamin B. Wolman, Prentice-Hall, Englewood Cliffs, N. J., 1982, p. 711-714.

Henry Biller, qui a effectué plusieurs de ces études, note même la chose suivante: « Les garçons qui ont souffert de l'absence du père au cours des deux premières années de leur vie sont plus handicapés, en regard de plusieurs dimensions du développement de leur personnalité, que les garçons qui ont été privés de leur père à un âge plus avancé. Par exemple, les garçons à qui leur père a manqué alors qu'ils étaient âgés de moins de deux ans se sont révélés moins confiants et moins industrieux; leurs sentiments d'infériorité étaient plus grands que chez les garçons à qui les pères avaient manqué entre les âges de trois à cinq ans[13]. »

Cet auteur insiste sur le fait que beaucoup d'études démontrent qu'une relation chaleureuse et affectueuse entre un père et son fils va renforcer le développement de l'identité masculine de ce dernier. Il ajoute, en outre, que les limites et la discipline imposées par le père ne seront efficaces que dans le contexte d'une telle relation, et qu'autrement elles risquent d'empêcher le fils d'imiter son père.

Enfin, il parle de la qualité de la relation entre le père et le fils comme étant aussi importante que la présence du père. Il affirme qu'un père a beau démontrer ses qualités d'indépendance et de compétence au travail, son fils risque de demeurer passif et de ne pas s'affirmer si, une fois rentré à la maison, son père ne fait que s'étendre sur le sofa pour regarder la télévision, sans participer au fonctionnement de la famille.

Le corps du père

L'une des conséquences principales de l'absence du père est que les fils sont laissés sans corps. Or, le corps est la base de toute identité, c'est là qu'une identité doit nécessairement commencer. L'identité du fils est ancrée dans le corps du père.

13. *Ibid.*, p. 706.

Le corps des hommes appartient encore à leur mère

Parce que la mère fait l'enfant dans son corps, les domaines lui appartenant sont souvent considérés comme intérieurs, alors que ceux du père restent extérieurs. Ayant commencé sa relation intime et privilégiée avec l'enfant dans son sein même, la mère va la prolonger après la naissance. C'est elle qui change les couches de l'enfant, le cajole, le berce, lui chante des chansons ; bref, elle a un accès direct à son corps et elle l'imprègne d'elle-même par tous les sens.

Par contre, le père reste bien souvent à l'extérieur. Son sperme venait déjà de l'extérieur par rapport au lieu où allait évoluer le fœtus et le voilà mis à l'écart aussitôt après la naissance de l'enfant. Sa femme s'en empare, comme d'une possession personnelle, alors que le projet était de faire un enfant à deux. Ou bien cet état de choses fait son affaire – après tout, ne faut-il pas, maintenant que le petit est là, travailler un peu plus pour amener plus d'argent au foyer ? – et il s'y résigne ; ou bien il est frustré et va devenir un « père empêché[14] » que la possessivité de sa femme a écarté du corps de l'enfant. Et tant que l'enfant évoluera dans le milieu familial, les choses resteront ainsi : il aura beaucoup à faire avec sa mère et très peu avec son père.

La conséquence primordiale en est que *les fils ne se développeront pas positivement en rapport avec le corps du père, mais plutôt négativement contre le corps de la mère et le corps féminin.* C'est ici même, à cet endroit précis, que l'histoire d'amour entre la mère et le fils devient une lutte de pouvoir : c'est ici même que le fils entreprend sa guerre contre la femme. Le plus étonnant est que cette guerre des sexes est basée sur une totale méprise, voulant que le royaume du corps, des sens et de la caresse appartienne exclusivement aux femmes, et celui de l'esprit, du monde extérieur et du travail exclusivement aux hommes, alors que ça ne fait l'affaire de personne !

---

14. L'expression est de Christiane Olivier : *op. cit.*, p. 201-207.

Plus profondément encore, cet état de fait entraîne des perturbations dans le rapport que les hommes entretiennent avec leur propre corps. Il s'ensuivra *une répression de toute la sensualité et de toute la « corporalité »*. Dans l'esprit du fils, les hommes ne peuvent se laisser aller à toucher, à cajoler, à humer, à sentir, à rire et à pleurer ; il n'a vu ces comportements que chez sa mère. L'adolescent s'attachera à nier qu'il a un corps. Même sa sexualité naissante, forte comme toutes choses qui naissent, il devra apprendre à la réprimer car, de surcroît, c'est péché de s'y abandonner. Plus tard, lorsqu'il fera l'amour, il se concentrera sur son plaisir génital et ne laissera pas la jouissance ni les jeux déborder par trop les zones érogènes, de peur de se comporter en femme, ou d'avoir l'air d'une femme aux yeux de sa partenaire. Ce n'est qu'en cachette, dans la solitude, qu'il se permettra cette sensualité qu'il juge « pervertie ». Ou encore, il s'adonnera aux plaisirs qui permettent aux hommes d'être sensuels sans se faire traiter de tapettes : l'amour des vins et de la bonne chère.

La première conséquence de l'abandon des fils aux soins exclusifs de leur mère est la peur des femmes et, surtout, la peur d'en être une ; la deuxième conséquence est que, toute leur vie durant, ils auront peur du corps, tant de celui des femmes que du leur.

La peur de l'homosexualité

Le fait de n'avoir pas reçu d'affection physique de la part d'un père va faire naître une autre peur chez le fils, et, dans ce cas-ci, je crois qu'il faudrait plutôt parler d'une terreur : être homosexuel !

En fait, chaque être connaît une tendance érotique vers les personnes de même sexe que lui. Cette tendance nourrit l'affection, l'amitié et l'admiration que nous avons pour les gens de notre propre sexe. En réponse à certains manques de l'environnement familial, cette prédisposition homosexuelle peut se trouver particulièrement activée et devenir une solution créatrice permettant la survie de l'individu. D'ailleurs, au même titre que l'héroïsme ou le donjuanisme, dont je parlerai plus loin, l'homosexualité a ses racines archétypales qui plongent au plus profond de l'histoire de l'humanité. Mais nous avons tellement peur de reconnaître cette dimension de nous-mêmes que nous préférons bannir les homosexuels. De fait, nous confondons peut-être identité masculine et vécu sexuel. Ce n'est pas parce qu'un être est homosexuel qu'il n'est pas un homme, mais la culture nous garde dans une telle ambivalence.

La peur d'être homosexuel est enracinée si profondément dans l'homme, sa présence est tellement insidieuse et perpétuelle, qu'elle finit par hanter tous les rapports d'amitié que les hommes ont entre eux ; elle empoisonne toute possibilité d'un érotisme masculin, et c'est encore elle qui empêche beaucoup de pères de toucher leurs fils.

Les hommes sont pris dans une véritable camisole de force. Aussitôt qu'un homme effleure le domaine de sa sensibilité, il se trouve confronté à son homosexualité latente, d'autant plus puissante que toute sa sensualité potentielle s'y est réfugiée. À la limite, s'il veut se réapproprier ses sens, il n'a d'autre choix que de devenir homosexuel ou de risquer de passer pour tel aux yeux des autres hommes, parfois même aux yeux des femmes.

Annette Fréjaville, une psychanalyste française, parle de la nécessité, dans les tout premiers mois de la vie de l'enfant, d'idéalisations mutuelles entre père et fils, qu'elle nomme « homosexualité primaire » (« Quand il sera grand, mon fils sera ingénieur ! », « Quand je serai grand, je serai comme papa ! »), pour que puisse se fonder l'identité sexuelle du garçon. Elle croit aussi à la nécessité d'une « histoire d'amour » entre le père et le fils lors des premiers balbutiements de l'enfant. C'est elle qui va favoriser le développement génital, alors que la différenciation sexuelle commence à peine à se réaliser. « L'homosexualité primaire » permettra au fils, par la suite, de s'engager avec plus d'assurance dans l'hétérosexualité.

Une enquête menée auprès d'adolescents homosexuels de niveau collégial a révélé qu'il s'agissait pour la plupart de garçons surdoués et hypersensibles. Ce fait m'apparaît fondamental. Ces fils choisissent l'homosexualité parce qu'ils ne retrouvent pas chez leur père un reflet de leur propre sensibilité. Parce que les hommes ont été amenés à réprimer toute expression ouverte de leur sensibilité, leurs fils ne peuvent pas s'identifier à eux : ils ne retrouvent pas cette similarité qui est à la base de toute identification. Ces jeunes surdoués se reconnaissent encore moins dans les rôles traditionnels dévolus aux hommes et rejettent par conséquent les institutions sociales telles que le mariage et la famille.

L'homosexualité exprimerait le besoin d'un ancrage dans le masculin, dans ce qui est pareil à soi ; elle traduirait par le fait même la recherche inconsciente du père, la recherche d'une identité mâle. S'il y avait eu, de la part du père envers son fils, l'affection physique qui stimule la possibilité d'identification, on peut se demander si beaucoup d'hommes ayant choisi de vivre l'homosexualité pour pouvoir exprimer leur sensibilité n'auraient pas fait des choix différents.

À l'instar de la plupart des autres hommes, les homosexuels sont soit des fils qui tentent encore de dégager leur corps de l'emprise maternelle, soit des hommes qui n'en peuvent plus d'avoir à vivre selon les diktats ridicules d'une société qui leur interdit l'accès à leurs sens. Aujourd'hui dénigrés par une société qui ne comprend pas comment elle est arrivée à en produire autant, les homosexuels sont peut-être sur la ligne de front de la lutte des hommes pour la réappropriation de leur corps.

Polluer le corps de la Terre

Sur le plan collectif, ce déni du corps a aussi des conséquences désastreuses ; cette tentative désespérée des hommes pour ne pas être assimilés aux corps des mères n'explique-t-elle pas, en partie, leur mépris d'un autre corps, celui de la Terre ? Le saccage et la pollution de la Terre par les hommes en habits gris qui mènent les grandes entreprises n'expriment-ils pas une vengeance inconsciente des fils envers le corps de la femme ? Ce manque de respect et cet abus de pouvoir de la part de l'animal humain envers son propre habitat ne témoignent-ils pas de la folle position dans laquelle on a placé les hommes en les privant de leurs sensations corporelles ? N'est-ce pas leur cri rageur qui va trouer la couche d'ozone ? N'est-ce pas l'immense peine non exprimée des hommes de n'avoir pas eu accès à leur propre sensibilité et d'en avoir été coupés par l'inconscience de leurs parents qui les rend si destructeurs et si sauvages ? Ne se comportent-ils pas comme des enfants ou des animaux qu'on aurait privés d'affection toute leur vie ?

Ode aux nouveaux pères

On affirme volontiers que le père-mère ne peut présenter de solution à notre problème. On voit chez ces hommes qui ont décidé de prendre en charge, à part égale avec la mère, les soins du corps de l'enfant, une simple imitation du modèle maternel. Je crois qu'il y a là erreur de jugement. Si ce n'est pas cette façon de faire qui nous sortira de l'impasse de fils désincarnés où nous sommes, quel comportement pourra nous y aider ? Ne sommes-nous pas encore victimes du vieux préjugé « femme-intérieur/homme-extérieur » ? Un père qui s'occupe corporellement de son enfant n'est pas un père-mère, il est un père tout court ; il vient de donner une réalité à ce substantif qui était jusqu'ici resté à peu près vide de sens.

« Chaque parent a une *double fonction :* fonction de repère corporel pour l'enfant de même sexe que lui, et fonction de lieu du désir pour l'enfant de sexe opposé[15]. » Ce repère corporel dans le parent du même sexe servira de base à l'établissement de l'identité sexuelle qui, à son tour, si elle est bien fondée, permettra à l'enfant d'éprouver du désir pour le parent de sexe opposé. La présence corporelle du père auprès du fils lui donnera donc la possibilité d'aimer d'abord sa mère et, plus tard, de désirer la femme plutôt que de la redouter ou de la mépriser.

15. OLIVIER, Christiane, *op. cit.*, p. 206.

Je parlais plus haut de la difficulté de ce transfert d'identification qui va, pour le fils, de la mère au père ; assurément, ce passage ne serait pas si périlleux et se ferait tout naturellement si les pères étaient présents auprès de l'enfant, dès le début. Les véritables guerres de tranchées qui se déroulent dans les familles entre les adolescents et leur mère sont les manifestations de fils qui tentent par tous les moyens de se dégager de l'emprise maternelle, d'arracher leur corps à leur mère et de prouver qu'ils sont des hommes. Les pères assistent en général impuissants à ces batailles épiques, sans comprendre qu'ils en sont grandement responsables. Cet état de fait signifie souvent chez les fils la répression de toute affectivité et l'imitation des pires stéréotypes machos que notre société peut produire (Rambo et compagnie).

De toute évidence, un père ne s'occupe pas d'un enfant exactement de la même façon qu'une mère. Même si c'était le cas, l'important est que le fils soit en contact avec l'odeur du père, qu'il entende le son plus grave de sa voix et qu'il virevolte dans ses bras, le père ayant plus souvent que la mère envie de jeux physiques. À ce que l'on sache, jamais un homme n'a perdu, en caressant son enfant, sa « petite différence », ni même son sperme générateur, ni la pilosité de son corps, ni son système hormonal, marques inaliénables de sa masculinité.

Il est absolument nécessaire que les hommes commencent à cajoler leurs enfants, leurs fils en particulier ; ils leur ouvriront ainsi la porte de la sensibilité et, ce faisant, ils découvriront la leur. Cela signifie que la sensualité ne sera plus interdite aux hommes et que les femmes n'y seront plus cantonnées ; car les hommes ont aussi des corps, et les êtres ont besoin d'être touchés pour garder leur équilibre et savoir qu'ils existent.

Les hommes ont peur de devenir pères car ils ne veulent pas faire revivre à leur fils les tourments dans lesquels ils ont été jetés, c'est-à-dire être forcés au devoir et coupés de leurs sens. Du même coup, ils mesurent bien ce qu'il en coûtera pour franchir leurs propres craintes et élever leurs enfants de façon à leur donner accès à la sensibilité. Ils pressentent le retour de leur ancienne terreur, celle d'être femme, terreur à laquelle ils seront confrontés s'ils décident de réclamer leur place auprès de l'enfant. Les nouveaux pères et les nouveaux couples devront se battre de haute lutte pour changer leurs mentalités ; il s'agit là de l'un de nos seuls espoirs de survie.

La structure absente

Le silence du père, qu'il soit verbal ou physique, aura également des répercussions sur l'univers psychologique du fils. Il influencera notamment la structuration de sa psyché. Voyons comment.

Les archétypes

Tout comme chez l'animal, il y a, en chaque individu, certains comportements qui sont prédéterminés et attendent le moment propice pour se mettre en action. Ils sont communs à toute l'espèce humaine et représentent les programmes de base d'une vie, que les expériences nées du contact avec l'environnement extérieur stimuleront. Ces comportements se nomment instincts.

De la même façon que les instincts régissent nos comportements, il y a aussi des instances qui régissent nos façons de sentir et de penser ; Jung leur a donné le nom d'« archétypes ». Ces tendances du psychisme à préformer ses contenus se manifestent en nous sous la forme d'images ou d'idées. Par exemple, la pensée humaine procède généralement en comparant des opposés tels que le chaud et le froid, le haut et le bas ; ou encore, les humains se comportent généralement de la même manière devant l'amour, la mort ou le danger, sans que personne ait eu à leur apprendre ces façons de réagir.

Les archétypes qui, comme tous les schèmes de comportement, sont impersonnels et collectifs, ont besoin d'être « personnalisés », c'est-à-dire expérimentés au sein d'une relation. La relation d'amour, avec le cortège de fantasmes, d'émotions et d'idéalisations qui l'accompagnent immanquablement, en est un bon exemple.

Le nouveau-né est donc préconditionné à rencontrer un père et une mère dans son environnement : il porte en lui ces archétypes. Pour actualiser ce potentiel, il doit rencontrer quelqu'un, dans son entourage, dont le comportement ressemble suffisamment à celui d'un père ou à celui d'une mère pour faire « démarrer le programme ». Le résultat de cette rencontre entre la structure de base innée et chacun des parents constitue ce que nous appelons un complexe paternel ou un complexe maternel. (Incidemment, le terme « complexe » est un autre mot introduit par Jung en psychologie.)

Du diable à Superman

En explorant le thème de l'identité masculine dans un groupe d'hommes, nous avons pris conscience que chacun d'entre nous était aux prises avec un modèle masculin qu'il n'arrivait pas à satisfaire. Ce modèle consistait en une représentation idéale qui nous tyrannisait de l'intérieur. Il s'agissait en fait d'une image inconsciente, à laquelle nous tentions de répondre sans nous en rendre compte.

Qu'est-ce qui supporte un tel modèle inconscient ? Le besoin d'un père est fondamental à l'espèce humaine ; c'est un besoin « archétypal ». Quand il n'est pas personnalisé par la présence paternelle, ce besoin demeure archaïque, nourri par les images culturelles du père qui vont du diable au bon Dieu. Plus le père sera manquant, moins il aura de chances d'être humanisé par l'enfant, et plus le besoin inconscient se traduira en images primitives.

Ces images exerceront une pression très grande sur l'individu à partir de l'inconscient. Elles prendront les allures mythiques de Superman, de Rambo ou de l'Incroyable Hulk.

De même, quand un archétype n'a pas été humanisé, il demeure divisé en une paire d'opposés tiraillant le moi et le tyrannisant avec son pouvoir quasi divin. C'est la présence du père qui permet à l'enfant de réunir les opposés qui conditionnent sa psyché. L'humanité du père permet au fils de concevoir un monde dans lequel tout n'est pas blanc ou noir, et où les opposés peuvent s'amalgamer et se côtoyer.

Ce modèle inconscient est probablement à la source de cette voix intérieure qui répète constamment à un mâle qu'il n'est pas un homme. Concrètement, l'archétype non satisfait et les représentations qui en émanent condamnent un homme à demeurer dans une position de « fils éternel », ou de « sous-homme », jusqu'à ce qu'il prenne conscience de ce qui lui arrive. Le fils doute de sa virilité. Il demeure distant et inconsistant, car le modèle qu'il a eu était une image désincarnée du père plutôt que le père en chair et en os.

Le tabou de l'inceste

Comme Freud l'a souligné en étudiant le complexe d'Œdipe chez le garçon, la présence du père barre l'accès à la satisfaction symbiotique naturellement recherchée par l'enfant ; ce faisant, elle lie inséparablement le désir et la loi. Le père incarne une première interdiction pour l'enfant : le tabou de l'inceste.

Cette intervention est déterminante sur le plan psychologique, car elle structure l'univers psychologique du fils. En effet, le père, en provoquant la fin de la fusion totale entre la mère et son enfant, vient casser l'identification entre le désir et l'objet du désir. Cela signifie que l'enfant pourra prendre conscience du désir comme étant un *fait psychique* qui possède une existence en soi, une existence indépendante, du fait que ce désir trouve ou non satisfaction dans la réalité extérieure. Cette frustration crée, pour ainsi dire, un espace intérieur : elle donne naissance à l'intériorité du fils. La fusion entre le moi[16] et

16. Le moi est le centre du champ de la conscience. C'est un complexe comme les autres, dont le noyau central est l'expérience d'un sens d'identité à soi-même et de continuation dans le temps ; autrement dit, c'est ce qui fait qu'un individu se reconnaît dans le miroir de jour en jour, et qu'il peut établir un lien entre l'enfant qu'il était et l'adulte qu'il est devenu. De plus, il est important de savoir que le moi cherche à se maintenir, pour ainsi dire, à température égale (homéostasie) et qu'il possède des systèmes de défense pour éviter les bouleversements de son équilibre. Mais il arrive que ces systèmes deviennent trop rigides et qu'ils étouffent le moi au lieu de le protéger.

l'inconscient[17] se trouve défaite, et cela est d'une importance capitale pour la structuration de la psyché.

Quand un homme demeure identifié à sa mère, il demeure fusionné à son propre inconscient. Il *est* ses désirs, ses impulsions, ses idées. Il ne peut les ressentir comme des objets intérieurs auxquels il n'aurait pas nécessairement à obéir.

Cette frustration de l'inceste permet aussi la séparation entre nature et culture. Un homme qui vit fusionné à son univers intérieur vit aussi fusionné au monde extérieur. Il devient la culture et se trouve identifié aux stéréotypes en place. Si, pour être un homme, il faut avoir l'air macho, il aura l'air macho. S'il faut être doux, il sera doux. Autrement dit, un homme qui demeure principalement identifié à la mère n'a pas accès à sa propre individualité ; il demeure le jouet de son inconscient et des modes sociales.

Plus précisément, il sera dominé intérieurement par un complexe maternel. Comme la mère est demeurée un point de référence presque unique pour le fils, dans la psyché elle prendra aussi beaucoup de place. Le moi du fils risque de demeurer un petit enfant en relation avec un complexe maternel trop puissant.

Avoir des complexes

Les complexes constituent la structure de notre organisme psychique, notre colonne vertébrale intérieure ; ils ne sont négatifs que lorsqu'ils nous poussent à nous comporter de façon inadéquate.

17. « Inconscient » est un terme technique qui signifie simplement « tout ce qui est en dehors de la conscience ». Il est impossible de l'éponger puisque, par rapport à lui, la conscience serait comparable à un îlot qui flotte à la surface de la mer. Il contient tout ce qui a déjà été conscient mais qui a été oublié, toutes les expériences qui ont été refoulées parce qu'elles étaient désagréables au moi (les complexes, au sens commun) ; il contient, de plus, une couche collective qui porte, elle, les préconditionnements structuraux de la psyché humaine (les complexes collectifs, i.e. les archétypes). Jung le considère comme essentiellement créateur, puisqu'il produit aussi de nouvelles idées et des intuitions qui ne sont jamais venues à la conscience. Il a pour centre le soi qui serait l'élément coordonnateur de toute la personnalité. Le but du travail thérapeutique est d'établir un axe de relation entre le moi et le soi.

Ils ont toujours pour centre une expérience affective suffisamment forte pour constituer un noyau, qui agira comme aimant et s'attirera toutes les expériences qui ont la même couleur affective. Bien entendu, la relation tant au père qu'à la mère est primordiale pour l'enfant ; elle entraîne donc automatiquement la formation de complexes.

Un complexe est une intériorisation[18] de la relation que nous avons eue avec une personne. Les complexes ne nous disent pas ce qu'ont été le père et la mère, mais plutôt ce qu'a été la relation avec eux. Or, cette relation est faite de beaucoup d'éléments indépendants de la personnalité des protagonistes ; ainsi, l'accident qui mène l'enfant à l'hôpital pour plusieurs semaines, la dépression de la mère ou la mort du père sont autant d'événements qui participent à la formation d'un complexe. Prenons l'exemple d'André :

> *À l'âge de quarante ans, André ressentait souvent une peur incontrôlable d'être abandonné, et cela sans motif apparent. Il avait littéralement peur de disparaître. Il éprouvait aussi de profonds doutes face à ses propres perceptions sensorielles. Le problème ne semblait pas venir de l'environnement parental. Cependant, alors qu'il n'avait que six mois, ses parents, forcés de fuir le pays en raison de la guerre, l'avaient placé dans un foyer nourricier. Il se retrouva en présence de deux vieillards qui se querellaient sans cesse. Alors qu'il avait commencé à se constituer une identité dans le regard de ses parents, son univers avait disparu du jour au lendemain.*

18. J'emploie le mot « intérioriser » dans le sens d'introjecter. Introjecter veut dire par exemple que la mère extérieure qui a pu être exigeante à l'égard de l'enfant devient un personnage intérieur qui continue à demander des choses de l'individu même s'il n'est plus enfant et qu'il n'est plus dans l'entourage de sa mère. La mère devient alors une composante psychique que nous appelons un complexe et qui représente de fait une sous-personnalité agissant à l'intérieur même de l'individu.

Il serait injuste d'attribuer la faute aux parents : ils ont fait ce qu'ils pouvaient, dans les circonstances, afin d'assurer la survie de leur enfant. Il n'en reste pas moins que, sur le plan psychologique, une telle expérience agit de façon négative. Ce sentiment d'abandon en bas âge a en effet servi de noyau à la formation de complexes parentaux négatifs qui ont coloré toute la vie sentimentale de mon patient et lui ont appris la méfiance absolue envers toute forme d'attachement affectif. Sa peur de disparaître était une expression symbolique de ce qui lui était arrivé.

À strictement parler, les complexes ne sont pas non plus des copies conformes de la relation au père et à la mère : il s'y mêle l'influence d'autres personnes. Un complexe paternel est en fait la somme de tout ce qui est expérimenté comme étant de l'ordre du paternel, qu'il s'agisse d'un grand-père, d'un professeur ou d'un frère aîné. Il en va de même pour le complexe maternel.

Il est fondamental de bien comprendre la différence entre un parent réel et un complexe parental car, à partir d'un certain moment, ce ne sont pas nos parents objectifs mais nos complexes qui influencent notre vision de la réalité. Ceux-ci nous mettent sur une certaine « longueur d'onde » : un homme qui a souffert de la brutalité de son père ne voit que la brute chez ce dernier et que la brutalité exercée par les hommes dans le monde. Il ne remarque que les aspects négatifs de son père et, d'année en année, son complexe s'enrichit de nouvelles preuves à l'appui de cette brutalité.

Notre vie psychique est menée par ces véritables sous-personnalités que sont nos complexes ; il s'agit d'en prendre suffisamment conscience pour que le moi puisse respirer à l'intérieur de sa propre maison. En acceptant la relation avec ses partenaires intérieurs, le moi fait en sorte que ceux-ci ne l'obligent pas à voir et à ressentir d'une façon unilatérale. En effet, lorsqu'ils demeurent autonomes, les complexes s'emparent de nous et nous obligent à répéter sans cesse les mêmes *patterns*, les mêmes dynamiques.

Une personnalité saine

Un moi sain est un moi qui demeure flexible. La flexibilité psychique est en effet l'attribut par excellence de la santé mentale. Ce moi peut tour à tour être fort ou vulnérable ; il peut s'ouvrir volontairement pour accueillir ce qui monte des profondeurs, parfois pour s'y abandonner, parfois pour s'y opposer, ou encore pour négocier une position intermédiaire. Jung insistait sans cesse sur ce point, à savoir que le travail d'intégration de l'énergie des complexes est un travail de « confrontation » avec l'inconscient. Confrontation ! Le mot parle fort. Le terme qu'il utilise (*Auseinandersetzung*) contient de fait l'image de deux personnes qui s'assoient face à face pour s'expliquer, pour vider une question et en arriver à un nouveau point de vue.

En ce sens, ni la façon de voir du moi, ni celle du partenaire intérieur ne sont justes. Il s'agit donc d'éviter tout autant un point de vue trop favorable à l'inconscient, qui fait sombrer l'individu dans la prophétie et la magie, qu'un préjugé trop défavorable ayant pour résultat d'exacerber la rationalité au point de dessécher complètement la personne. Il s'agit d'établir une « relation » avec notre intérieur. À mon avis, c'est là que réside la contribution fondamentale de Jung à la psychologie des profondeurs ; il n'est pas question pour lui de tenter un impossible contrôle de l'inconscient, mais bien d'établir un rapport vivant avec lui. On serait tenté ici de parler d'une écologie psychique.

Après trois ans de thérapie, Bertrand, âgé de cinquante-cinq ans, a réussi à trouver une attitude juste vis-à-vis de lui-même. Jusque-là, il se détestait de façon obsessionnelle et virulente, se faisant mille fois les mêmes reproches chaque fois qu'il subissait un échec. Tout échec lui faisait l'effet d'un mur de ciment qui lui tombait sur le dos. Sa haine de soi le déstabilisait au point qu'il en oubliait jusqu'aux motifs ayant provoqué cette attaque soudaine et autodestructrice. « Aujourd'hui, dit-il, je me comprends mieux ; quand je me hais, je me parle doucement et je me dégage lentement de ce qui s'est écroulé sur moi. » Le moi a réussi à trouver la bonne distance par rapport à l'inconscient, à développer une souplesse face à ses offensives. Bertrand ne se laisse plus écraser totalement par l'effondrement du mur ; il possède maintenant une relation avec son intérieur.

Manquer de père, c'est manquer de colonne vertébrale

L'identité psychologique d'un individu se base sur son sentiment d'avoir une colonne vertébrale et de se sentir supporté de l'intérieur. Ce que l'absence du père produit et qui se trouve, par le fait même, être l'essence d'un complexe paternel négatif, consiste en un manque de structure interne. Un individu qui possède un complexe paternel négatif ne se sent pas structuré à l'intérieur de lui-même. Ses idées sont confuses, il ressent des difficultés lorsqu'il doit se fixer un but, faire des choix, reconnaître ce qui est bon pour lui et identifier ses propres besoins. Tout se mélange en lui : l'amour avec la raison, les appétits sexuels avec les simples besoins d'affection. Il éprouve parfois des difficultés à se concentrer, se trouve attiré par toutes sortes de détails périphériques et sans importance et, au pire, a du mal à organiser ses perceptions. Fondamentalement, il ne se sent jamais sûr de quoi que ce soit.

La marque du complexe paternel négatif est donc le désordre interne, qui peut aller d'un sens superficiel de confusion jusqu'à la désorganisation mentale. Face à cette réalité, les hommes vont tenter, par compensation, de colmater le manque en se structurant à partir de l'extérieur. Mais cette structuration à partir de l'extérieur va prendre des accents différents, selon qu'on est un « bon garçon » ou un ivrogne.

Par exemple, les héros ont toujours quelque tâche à accomplir et nous offrent le spectacle de fourmis industrieuses. Ils font en sorte de n'avoir jamais un moment de « vide ». Le regard admiratif des autres les « soutient » et c'est pourquoi ils obéissent aux valeurs collectives. Les séducteurs, eux, se structurent par leurs nombreuses expériences sexuelles. Ils vivent dans le *thrill* sexuel, dont la poursuite remplit leur horaire et leur vie. Cette poursuite devient une occupation mentale et physique majeure ; c'est ainsi qu'elle peut devenir un élément structurant. D'autres se structurent en faisant des exercices physiques ; le *body building*, comme l'expression le dit, sert souvent à compenser, par une construction corporelle externe, une défaillance interne.

Plus un homme se sent fragile intérieurement, plus il tentera de se créer une carapace extérieure de façon à donner le change, que ce soit par les muscles ou la bedaine. De même, plus ses affirmations seront sans nuances, catégoriques et définitives, plus elles serviront à masquer une incertitude de fond. Les fils révoltés se structurent en adhérant à des bandes qui sont fascistes dans leur essence et qui obéissent au père primitif ; les éternels adolescents, malgré leur anarchie apparente, cherchent des maîtres spirituels et, pour ce qui est des alcooliques, ils n'arrivent même plus à cacher ce désordre interne.

Au moyen de cette compensation extérieure, les fils manqués évitent de ressentir leur grande soif d'amour et de compréhension, leur profond besoin d'être touchés, d'aimer et d'être aimés. Il leur est difficile de laisser percer ces sentiments qui les plongent dans une vulnérabilité difficile à assumer. La signature du père manquant demeure la fragilité de l'identité masculine de ses fils.

CHAPITRE DEUX

Les fils manqués

Le théâtre de la Virilité

Mesdames et messieurs, bienvenue au théâtre de la Virilité. Ce soir, la troupe « Qui père gagne » joue Les Fils manqués, *création collective réalisée à partir des improvisations des acteurs.*

La pièce brosse le portrait de dix hommes d'aujourd'hui aux prises avec eux-mêmes. Mais, en réalité, ces portraits sont intemporels ; ils représentent les formes habituelles que prend le masculin depuis des siècles. Il s'agit tout aussi bien d'hommes évoluant sur la scène du monde que de facettes de nous-mêmes défilant dans notre théâtre intérieur.

Un mot du metteur en scène

Au cours de mon travail avec cette compagnie, je me suis retrouvé face à une situation fort cocasse, ou fort alarmante, selon que l'on veuille en rire ou en pleurer. En effet, depuis la minute où j'ai mis les pieds dans ce théâtre, je n'ai pas réussi à empêcher les acteurs de jouer, ad nauseam, *des bouts de pièces qu'ils semblaient avoir retenus et répétés depuis l'enfance. Néanmoins, puisque nous ne nous entendions pas sur la formule que devait prendre le spectacle et que, de toute façon, ces hommes semblaient n'avoir qu'une idée, rejouer leur passé, j'ai décidé de faire contre mauvaise fortune bon cœur et je me suis attaché à mettre en forme ce qu'il était possible de tirer de leurs improvisations.*

Nos acteurs présentaient donc certaines particularités qui nécessitent de ma part un mot d'explication à saveur « analytique » (il faut bien être de son temps!). La première de ces particularités était la suivante : comme le nom de la troupe et le titre de la pièce l'indiquent, tous les comédiens ont eu un père plus ou moins manquant; c'est pourquoi leurs réactions aux figures paternelles étaient souvent disproportionnées. Certains des acteurs-personnages répondaient aux figures d'autorité avec haine ou admiration, par des insultes ou avec servilité; d'autres en affichant une froide indifférence qui masquait très mal un intérieur bouillant d'émotion. Et si l'un d'eux subissait un rejet de la part d'une figure paternelle, la blessure d'amour-propre qui en résultait était immense.

En fait, il semble qu'une relation inadéquate avec le père laisse chez un fils de véritables « trous psychiques », remplis de fantasmes maléfiques vis-à-vis du masculin. Eh bien, cela, je peux vous le confirmer d'expérience! Je n'ai jamais éprouvé autant de peine à me faire respecter par une troupe de comédiens! Certains sont devenus carrément paranoïaques à mon égard, d'autres m'ont prêté des pouvoirs magiques, et la plupart d'entre eux ne faisaient pas même confiance à leurs collègues de travail masculins.

La seconde particularité est que chacun de mes comédiens était aux prises avec un personnage invisible qui l'obligeait à répéter sans cesse le même scénario. Prenons Adrien. Il racontait que, pour tenter de conjurer la dépression accablant sa mère, il s'était mis à apprendre des petits numéros par cœur, histoire de la faire rire et de mériter ainsi son amour ; mais, avec le temps, les petits numéros sont devenus grands – c'est toujours comme ça avec les acteurs – et ses actions à lui sont devenues de plus en plus héroïques. Malheureusement, il ne s'est trouvé personne pour lui dire qu'il pouvait arrêter sa démonstration ; que, possédant sa valeur propre, il n'était pas nécessaire qu'il s'exhibe ainsi pour prouver aux autres qu'il méritait leur attention. Alors, aujourd'hui, Adrien continue à jouer les héros.

Un psychanalyste de mes amis, qu'en désespoir de cause j'avais invité à une répétition pour m'aider à y comprendre quelque chose, m'a dit que le comédien était « possédé » par un « complexe ». Il a employé le mot « possédé » en ce sens qu'Adrien ne réalise pas qu'il se répète sans cesse – franchement, avait-on besoin d'être psychanalyste pour se rendre compte de cela ! Ce n'est pas Adrien qui choisit son scénario de héros, a-t-il ajouté ; c'est plutôt comme si son scénario le choisissait et le retenait prisonnier.

En observant Adrien, j'ai fini par comprendre qu'un complexe est un mécanisme de relation, ou pattern, *qui entre automatiquement en action dès qu'un individu se trouve dans une situation présentant des similitudes avec ses expériences passées. Lorsque Adrien fait face à une situation qui évoque un tant soit peu ce qu'il a connu avec sa mère, il se conduit alors comme s'il était aveugle ou avait perdu son bon sens. Ne réalisant pas qu'il s'agit d'une nouvelle situation, il se comporte comme s'il était encore dans l'ancienne. Il va même parfois jusqu'à choisir des situations et des partenaires qui lui rappellent manifestement son passé. Ainsi, lors d'une improvisation, il a décidé de travailler héroïquement pour une compagnie qui avait sans cesse besoin d'être sauvée de la faillite et, comme si cela ne suffisait pas, il a choisi en même temps d'aller vivre avec une partenaire en détresse psychologique ! Adrien ne faisait plus la différence entre lui-même et son personnage.*

Et mon « psy » de conclure en disant : « Il sera bon de rappeler aux spectateurs que chaque acteur porte, du moins en partie, la responsabilité du scénario dont il est la victime. En effet, les démêlés qu'il a eus avec ses parents cachent souvent la démission et l'irresponsabilité de l'individu face aux problèmes inhérents à sa personnalité propre ! »

Un peu de compassion ! lui répliquai-je. Vous voyez des « problèmes » partout, on n'entend que ce mot-là dans votre bouche. Ils ont besoin de leurs rôles pour exister ! Quand ils ne sont pas des héros ou des séducteurs, des ivrognes ou des suicidaires, ils se sentent inquiets, sans fondation et sans structure. Il me semble que leur souffrance profonde ne réside pas dans la nature de ce qu'ils ont à jouer – après tout, dans la vie, il faut bien accepter de jouer quelque chose –, et qu'elle ne vient pas non plus des personnages qui les hantent ni de leur soi-disant irresponsabilité. Non, leur souffrance vient d'une identification trop forte à ces rôles du passé, identification extrême qui les oblige à répéter sans cesse les mêmes scénarios. « Et vous, comment l'expliquez-vous, cette identification ? se contenta-t-il de me répondre. Vous voyez bien que c'est pour le moins, disons, "complexe" ! »

... Mais, assez bavardé ! Place au théâtre ! Place à la vie !

Résumé de la pièce

Le père inadéquat, qui a « brillé » par son absence d'esprit ou son absence physique, sa tyrannie ou son alcoolisme, son défaitisme ou sa mollesse, n'a vraisemblablement pas pu servir de déclencheur naturel au programme génétique et psychologique qu'on pourrait appeler « comment devenir un homme ». Le modèle qu'il a proposé s'est révélé inutilisable et, par conséquent, il n'a pas rempli son rôle d'initiateur auprès de son fils. Celui-ci s'est donc largement identifié au « féminin » et a refoulé sa masculinité. Il s'est réfugié dans une adolescence éternelle et il a tendance à rejeter les valeurs traditionnellement masculines, se coupant ainsi de son propre sens d'affirmation et d'exploration.

Allons maintenant retrouver nos protagonistes : ils sont plongés dans leur vie d'adulte, incapables de se défaire des fantômes qui hantent leur existence.

Adrien, le héros

Adrien est de la race des héros. Regardez comme ils sont beaux, regardez comme ils sont fiers et forts. Ils arrivent avec leur arsenal guerrier ! Certains possèdent une BMW rutilante, d'autres un esprit pointu et aiguisé ; d'autres encore ont une force physique surprenante et vivent dans le royaume du corps. Tous se battent sans répit.

Leurs champs de bataille sont différents. Les uns dirigent de jeunes compagnies dynamiques, ils veulent avoir un standing et faire de l'argent. Les autres défendent des causes idéalistes pour lesquelles ils sont prêts à donner leur vie. Certains travaillent pour Amnistie Internationale ou militent pour la cause de l'indépendance du Québec. Bon nombre d'entre eux, plus modestes, limitent leurs exploits à tenir la parole plus longtemps que les autres dans une fête, ou encore à boire le plus grand nombre possible de bières en un minimum de temps.

Ils se sentent souvent responsables du sort de leurs semblables. Ils animent tantôt les assemblées politiques, tantôt les réunions d'affaires ou les petites soirées entre amis. Leur ferveur rend d'ailleurs de grands services à l'humanité; certains deviennent des hommes adulés. D'autres demeurent d'éternels boute-en-train qui vous tapent dans le dos (ou sur les nerfs).

Les héros possèdent force, détermination et courage. Ils sont fils de Héra, reine de l'Olympe, dont ils portent le nom (héros). Héra est leur mère inspiratrice. Et, de fait, le héros s'emploie à répondre aux vœux héroïques de sa mère. C'est elle qui le gonfle d'ambition et lui insuffle son courage. Rappelez-vous Rose Kennedy ou la mère de Jimmy Carter: ces femmes ont soutenu leur fils dans les pires moments et les ont, pour ainsi dire, sacrifiés à la nation.

Car la mère du héros est très souvent une mère exigeante, qui entretenait déjà à l'égard de son fils de grandes ambitions alors qu'il était encore tout jeune. On dit d'ailleurs de ce type de femmes qu'elle est possédée par son animus, son côté masculin, et qu'elle a transmis à son fils ce dont elle rêvait pour elle-même. Les mères de héros ne sont pas des mères affectueuses ou complaisantes, mais des pionnières à la main d'acier. Elles sont tellement fières de leurs descendants qu'elles tentent d'en faire des enfants divins. Ainsi, le jeune héros va se trouver « pris », dans son for intérieur, par le désir de combler sa mère en répondant à ses ambitions. Si, au départ, il s'agit de répondre aux ambitions de sa véritable mère, très vite il s'agira de répondre aux plus hautes aspirations collectives, que ce soit celles d'une compagnie, d'un groupe social ou d'une université.

Adrien-le-héros veut garder le haut du pavé ; ainsi, il devient souvent une véritable source d'inspiration pour ses successeurs. Si, plus jeune, il vivait dans le regard de sa maman, aujourd'hui il vit dans le regard des autres. Il s'en alimente. Afin d'être compris et aimé de tous, il accomplit les plus hauts exploits. Admirable, il se nourrit d'admiration. Symboliquement, il veut devenir le phallus dressé et fort qui impressionne et suscite l'envie des autres hommes !

Au plus profond de lui-même, le héros souffre parfois d'une culpabilité terrible à l'égard du père, qu'il croit avoir trahi en répondant à l'idéalisation de la mère. De fait, ayant supplanté le père aux yeux de la mère, il craint ses représailles. S'il a le choix, il préférera s'entourer de femmes ; par contre, ses relations avec les hommes demeureront troubles et ambiguës. Souvent, il cherchera à réparer sa faute en subissant un échec cuisant qui l'amènera à être jugé par des autorités de type paternel.

Le drame de la personne publique

Adrien est un artiste qui mène une brillante carrière internationale. Il a connu une enfance particulièrement difficile où il a eu à soutenir une mère dépressive, mais exigeante. Il a dû aussi subir le rejet d'un père qui le trouvait dégoûtant à cause de son aspect féminin. Il me raconta le rêve qu'il fit au moment où on lui proposa de diriger une école d'art. *Il venait d'être élu Premier ministre ; désormais, il devrait assumer un plus grand nombre de responsabilités et mettre sa vie sexuelle de côté.* De fait, la veille, il s'était fait la réflexion consciente qu'il aurait à interrompre ses relations amoureuses avec sa maîtresse car celle-ci étudiait dans la même école.

Quand Adrien est exposé à l'opinion publique, son problème d'image devient très important ; il se sent appelé à réprimer son agressivité et sa sexualité. Il réussit ainsi à répondre aux critères collectifs, mais perd son individualité. En s'élevant au-dessus de la masse, il gâche son plaisir de vivre.

La solitude, paradoxalement, est souvent la récompense ambiguë d'une vie de héros. Comme il a de moins en moins de temps pour la vie quotidienne, les enfants, les partenaires et leurs besoins, il se retrouve vite exilé. Il se sent abandonné, alors que c'est lui qui les abandonne : personne ne peut suivre ses horaires de travail.

Nous assistons ici au triomphe du complexe maternel qui a réussi à isoler complètement l'individu. En répondant à des ambitions intériorisées, Adrien se livre du même coup à l'amour jaloux et possessif d'une mère intérieure. Bientôt, il ne pourra plus appartenir à qui que ce soit d'autre. Héra protège les héros mais s'assure de leur fidélité absolue à son égard.

Pourquoi donc tant de prêtres, de politiciens et d'évangélistes se font-ils prendre dans des délits sexuels avec des prostituées ou de jeunes adolescents ? C'est qu'ils ne peuvent plus vivre autrement qu'en cachette les aspects instinctifs de leur nature. Peut-être pouvons-nous expliquer ainsi le geste de Claude Charron, jeune député et dauphin de René Lévesque, pris en flagrant délit de vol dans un grand magasin : il avait besoin de *désobéir*[1], de sortir de la structure parentale, de rompre avec le complexe qui l'étouffait.

Adrien me soulignait également qu'il vivait le travail analytique comme une délinquance. Il trouvait délinquant le fait de penser quelque chose par lui-même et pour lui-même. En d'autres termes, la constitution d'un monde personnel et individuel lui semblait un péché contre nature. Il me racontait qu'il ne pouvait écrire en présence de

1. C'est d'ailleurs le titre qu'il a donné à son autobiographie publiée après son départ forcé du cabinet. Voir CHARRON, Claude, *Désobéir*, VLB, Montréal, 1983.

sa partenaire, croyant qu'elle pouvait deviner toutes ses pensées. Il m'avouait : « Je n'arrive pas me séparer suffisamment d'elle. » Mais, bien entendu, c'est du complexe intérieur inconscient dont il ne pouvait se séparer.

Le héros appartient au collectif, il n'est pas vraiment né. Le cordon ombilical n'a pas été coupé. Tous ses gestes sont jugés par une mère intérieure qui peut devenir une véritable sorcière si le héros n'apprend pas à trouver la force de lui résister. C'est pourquoi de telles personnalités s'avèrent tellement sensibles à la critique. La critique négative a le pouvoir de leur faire perdre en quelques secondes leur estime d'eux-mêmes et de les déséquilibrer pour plusieurs jours. La peur du jugement néfaste est le talon d'Achille des héros.

L'obsession de valoir

Adrien-le-héros est un candidat par excellence à la perte d'âme, c'est-à-dire à la perte de rapports avec ses émotions. Enfermé dans la belle image qu'il a élaborée de lui-même, surveillé intérieurement et extérieurement, il devient vite prisonnier du regard des autres. Malgré ses accomplissements réels, un doute persiste en lui par rapport à son identité masculine et le jette dans une quête effrénée de reconnaissance. À moins de trouver une figure paternelle significative qui le confirmera dans sa valeur en tant qu'homme – cela arrive de temps à autre –, il sera toute sa vie à la recherche de cette identité. Il la cherchera à l'extérieur, dans les yeux d'autrui, puisqu'au dedans c'est le vide et l'insécurité.

Le père absent a été idéalisé, et cela donne au fils héroïque un goût pour la performance qui ne connaît pas de limites. Les héros nous font assister à un rituel collectif qui finit par prendre des allures religieuses. Des armées de jeunes *yuppies* se traînent au boulot malgré une fatigue intense ; ils viennent littéralement s'ouvrir les entrailles sur l'autel de la performance et se crèvent au travail. Ils veulent prouver ce dont ils sont capables, sans jamais se demander à qui cela profite, ou même si cela profite à quelqu'un. Il y a, dans cette attitude, une démesure qui trahit une perte de relation avec soi, une misère et une solitude intérieure tragiques.

Faute de réceptacle approprié, l'obsession de la valeur-à-tout-prix se concrétise ; elle se transforme en obsession de « valoir de l'argent », d'avoir un appartement, une maison, une ou deux voitures. Mais, dans de telles conditions, toutes ces possessions ne sont même pas savourées de l'intérieur ; elles ne signifient qu'obéissance à la mode, valeurs d'échange, poudre aux yeux. Le cri qui s'élève du fond de l'être est : « Je veux être reconnu, je veux être confirmé par un père dans ma valeur. » D'ailleurs, pour « l'animal social », être confirmé par des autorités morales extérieures demeure un facteur essentiel. Voilà pourquoi l'Église catholique a fait de la confirmation un sacrement.

Le comportement frénétique du héros en quête de valeur ressemble au comportement adolescent. À la limite, seule la mutilation apportée par un événement catastrophique (*burnout*, accident d'auto, faillite commerciale, divorce, ulcère ou cancer) pourra l'arrêter d'agir. Dans toutes les mythologies, les dieux punissent sévèrement la démesure des héros qui se croient tout permis ou qui, suprême insulte, osent se prétendre immortels.

Tout ce qui brille n'est pas or

Dans *Le Feu du dedans* de Carlos Castaneda[2], le personnage de Silvio Manuel se tient toujours dans l'obscurité ; il ne se montre jamais à la lumière du jour. Bien plus, comme il s'agit d'un instructeur dans l'art ancien des sorciers Yaki, il ne parle que la nuit tombée, au sein de l'obscurité la plus profonde, ne voyant jamais ses interlocuteurs et n'étant jamais vu par eux. Quelle image fascinante ! Et combien elle est éloignée de notre conception du monde. C'est une image reposante qui prend toute sa dimension quand nous la mettons en relation avec les tournures de langage que nous employons, des

2. CASTANEDA, Carlos, *The Fire from Within*, Simon and Schuster, New York, 1984.

tournures telles que « se faire une place au soleil », « se mettre en lumière », « être sous les feux de la rampe ».

Nous vivons dans une mythologie exclusivement solaire où il n'y a pas de place pour la fraîcheur de la nuit. Aller se faire bronzer dans le Sud en hiver – au risque d'avoir un cancer de la peau –, est devenu un *must* pour toute personne qui, justement, « a » sa place au soleil. Qu'il s'agisse de se brûler au travail ou sur les plages, nous aimons les coups de soleil, nous voulons être le soleil. Nous désirons luire dans le regard des autres. Nous voulons devenir des vedettes, des étoiles, et briller de tous nos feux. Vivre dans la pénombre ou dans l'obscurité est devenu pour nous un signe de maladie mentale ; à tel point que les bureaux des psychothérapeutes sont remplis de gens qui souffrent de malaises consécutifs au fait qu'ils se sentent incapables de se pavaner comme les autres.

Pourtant, chacun connaît la légende d'Icare qui, enivré de soleil, tente de s'approcher de l'astre merveilleux. Ses ailes, soudées avec de la cire, fondent à mesure qu'il s'élève, jusqu'au moment où il sera précipité dans la mer. Quand nous devenons trop « solaires », c'est le sort qui nous est réservé : le *burnout,* la brûlure. Ne procédons-nous pas alors à une concrétisation du symbole ? Ne perdons-nous pas notre lumière intérieure au profit d'une lumière et d'une reconnaissance tout extérieures ?

Pour éviter le sort d'Icare, il serait peut-être bon de suivre le conseil qu'il reçut justement de son père : « Vole à mi-hauteur ! » Oui, le héros vole trop haut, et pour lui un sacrifice s'impose. Il s'agit du sacrifice de ses idéaux de perfection absolue, de celui, aussi, de « la gloire à n'importe quel prix ». Parlant du fils héroïque, Jung déclare d'ailleurs : « Le sacrifice qui marque la séparation d'avec la mère marque aussi le renoncement de l'individu à sa propre grandeur[3]. »

3. JUNG, Carl Gustav, *Symbols of Transformation, an Analysis of the Prelude to a Case of Schyzophrenia*, Collected Works, vol. 5, Bollingen Séries XX, Princeton University Press, 2e édition, Princeton, N.J., 1967. (Traduction de l'auteur.)

Nos peurs et nos ombres peuvent devenir des ponts vers les autres puisque, dans les domaines où nous excellons, nous n'avons besoin de personne. C'est par la grâce de nos blessures et de nos défauts que nous communiquons avec autrui. Quand cherchons-nous une oreille amie, une caresse complice, si ce n'est dans le désarroi et l'inquiétude ? Qui aime être seul devant la peur ? Aussi, la tâche du héros sera d'accepter de laisser voir ses besoins réels.

Le complexe de l'imposteur

Adrien souffrait d'une étrange peur. Au faîte de sa carrière et en pleine possession de ses moyens, il avait l'impression d'être un imposteur. Il craignait que du jour au lendemain on découvre qu'il n'était qu'un fraudeur. Étonnant, n'est-ce pas ? Avec plus de vingt ans d'expérience musicale, il avait peur que soudain on le démasque et qu'on prouve au public qu'il n'avait ni don ni connaissances musicales.

En fait, les carrières exemplaires exigent une énorme abnégation de la part des individus qui les mènent. Souvent sacrifiée, leur vie personnelle refait alors surface sous la forme d'étranges comportements et d'idées absurdes qu'ils ne peuvent maîtriser. La peur d'être démasqué en est une. Cette peur symbolise la puissance de l'identification de l'individu à son masque social, à sa persona[4]. À force de s'obliger à plaire et à sourire, des sentiments négatifs et agressifs à l'égard d'autrui l'envahissent, sentiments qu'il n'ose et, bien souvent, ne peut dévoiler. Il se coupe alors tout simplement de toute vie intérieure.

Or, les sentiments sont nos racines dans la vie. Ils constituent notre capacité d'évaluer si ce qui nous arrive est agréable ou désagréable,

4. La persona est le masque social que nous portons ; elle a pour fonction de nous mettre en rapport avec le monde extérieur. Elle représente un compromis entre ce que nous sommes réellement et les attentes du milieu dans lequel nous évoluons. Mais si le professeur s'identifie à son savoir, et le policier à son pouvoir, s'ils ne peuvent enlever leur masque même en privé, c'est toute la personnalité qui en souffre. L'anima, qui a pour rôle de compenser la persona, se trouve ainsi totalement refoulée et l'individu perd son intériorité.

désirable ou non. Adrien croit qu'il est un imposteur parce qu'il a perdu sa vérité personnelle. Et c'est le contact avec ses sentiments qui peut lui redonner une congruence. Adrien n'est pas un imposteur dans sa profession, il l'est au niveau du développement de sa personnalité globale. Mais voilà, la grande hantise des monstres de performance est qu'on aperçoive le vide derrière le paravent public. Ils se jettent alors dans le perfectionnisme pour cacher, du mieux qu'ils le peuvent, leur faiblesse humaine.

En dernière analyse, les sentiments négatifs, ces notes discordantes dans le concert social, ont pour rôle de nous ramener à notre réalité unique et subjective. Le retour au monde du sentiment intérieur permet à un être de s'évaluer par lui-même et, par conséquent, de moins rechercher cette évaluation dans le regard des autres. Sacrifier sa perfection en admettant sa « trop humaine » humanité permet à un individu de bénéficier de ses talents et d'en faire bénéficier les autres, sans croire pour autant que toute sa personnalité possède ce caractère exceptionnel et prolifique. La colère, ou la déprime qui se profile derrière un sourire, donne soudain du poids à celui qu'autrement nous mépriserions en disant qu'il n'est que façade. C'est l'ombre qui donne la profondeur au tableau ; ce qui n'est que clair est suspect et devient, à la longue, inintéressant.

Le char du héros

Dans son aspect le plus populaire, le héros n'est pas seulement un idéaliste, loin de là, il aime le clinquant et le « chromé » ; il ne peut se passer de certains attributs. Rappelons-nous les Romains de l'Antiquité et leur prédilection pour le char, qu'ils ont d'ailleurs immortalisé. Les défilés de bagnoles rutilantes sont en quelque sorte les parades modernes des héros. Tout est mis en œuvre pour avoir l'allure, le *look* ! Le *look* dont il est question en l'occurrence est, bien entendu, celui des autres, car il s'agit surtout d'être regardé. Ceux qui doutent que les héros vivent essentiellement dans le regard de la communauté peuvent constater la chose après une simple observation.

Même les filles que les héros fréquentent doivent participer à cette allure. Elles deviennent des objets sexuels pour ceux qui admirent le héros. Elles servent de pâture et tentent de stimuler l'envie des voyeurs impuissants auxquels le héros s'évertue à démontrer sa supériorité. Il faut ajouter que si le héros utilise sa femme comme objet sexuel, elle-même l'utilise comme objet de succès. Certaines femmes aiment les hommes qui réussissent; ainsi les héros de la culture, ou de la rue principale, ne manquent-ils jamais de compagnes. Ils stimulent chez elles le goût, très archaïque, de se faire enlever vers cet endroit secret où l'amour pourra se consommer. Malheureusement, il s'agira bien souvent d'une illusion. Le face à face individuel entraîne souvent la mort du héros car il implique la chute des masques sociaux et l'invite à devenir une simple personne.

Vincent, le bon garçon

Vincent est une créature qui ne s'autorise jamais à dire un mot plus haut que l'autre et se doit d'être toujours bon et compréhensif. Même lorsqu'on abuse de lui, il préfère être traité de bonasse plutôt que d'injuste. Son devoir principal est de ne jamais adopter un comportement ou une attitude qui aurait pour effet de faire pleurer sa mère. Faire pleurer sa mère, pour Vincent, est un péché capital. Sa croyance profonde se résume ainsi: « Tout me sera donné si je continue à être gentil, poli, courtois, et non agressif. » C'est pourquoi son second devoir est de se laisser marcher sur les pieds le plus souvent possible. Sa bonne réputation et l'image que les autres se font de lui revêtent une importance capitale. Si Vincent se promène dans la rue avec une fille que sa mère « n'approuverait pas », il se sent honteux et souhaite de tout son cœur de ne croiser aucune de ses connaissances. S'il doit, le lendemain, affronter quelqu'un, craignant surtout de devoir élever le ton, il n'en dormira pas de la nuit et ressassera dans sa tête les mille et une façons d'aborder le problème. Il élaborera des phrases et les apprendra par cœur.

Le lendemain soir ou le surlendemain, selon qu'il aura eu ou non le courage d'affronter l'autre, il ne dormira pas plus que la veille. Il se sentira alors coupable d'avoir « parlé fort », craignant d'avoir blessé l'autre au point de perdre son estime. « Mon Dieu ! S'il fallait qu'il ou elle ne me parle plus, qu'il ou elle en parle à telle ou telle personne ! » Vincent se retournera alors dans son lit, en proie aux plus violents fantasmes de rejet ; il tentera de trouver les différentes formes de réparation qu'il pourrait mettre en application dès les premières heures de la journée suivante, et même avant si cela s'avère possible. C'est l'air assuré, mais le cœur battant à tout rompre, qu'il lancera à son adversaire de la veille son plus beau sourire, un sourire qui dira : « Je n'ai pas voulu te faire de mal ; pardonne-moi, pardonne-moi, je t'en supplie. Il ne faut pas que maman sache cela ! »

Si par malheur sa supplique silencieuse est refusée, Vincent rejettera alors la faute sur l'autre et se cantonnera dans la rage. Cette dernière lui permettra de se cramponner aux bords du précipice et de ne pas tomber dans l'abîme d'abandon qui le menace. À moins que, coupable devant Dieu et devant les femmes, il ne se punisse en sombrant dans une dépression qui lui enlèvera pour un temps le goût de vivre.

Le bon garçon vit inlassablement dans le regard de parents qui ne sont plus là ; avec les yeux de l'enfance, il regarde et interprète les situations nouvelles auxquelles il est confronté. Car c'est dans l'enfance qu'il a adopté comme stratégie de refouler toute velléité de révolte ou d'agressivité qui l'auraient exclu douloureusement des affections du parent accessible. Pour ne pas être puni, pour ne pas être abandonné, pour ne pas qu'on lui préfère un frère ou une sœur. Plus on l'aura battu, malmené, terrorisé, plus il se sera réfugié dans la passivité, devenant ce qu'on appelle en psychanalyse un « passif-agressif » ; terme désignant quelqu'un de passif et de doux en surface, d'agressif et de colérique à l'intérieur.

Vincent, le mauvais garçon

Heureusement pour lui, le bon garçon a un trait qui le sauve : il a presque toujours un « vice » caché. Qu'il s'agisse du jeu, de la vitesse au volant, de l'alcool, de la pornographie, de l'avarice, d'une paresse sans bornes ou encore de la gourmandise, il y a en général quelque chose qui cloche chez lui, un petit quelque chose dont il se défend d'ailleurs vigoureusement. Tôt ou tard, ce péché mignon l'entraînera dans une aventure qui lui fera perdre la face, et la chance lui sera alors donnée de s'affranchir du joug de la passivité pour enfin assumer ce qu'il est entièrement. Eh oui ! même si ça fait pleurer maman.

De fait, pour Vincent, la seule issue devant une telle situation est de faire ce dont il a peur, de passer à l'action et de tolérer la culpabilité qui suivra nécessairement tout geste d'affirmation. Il faut qu'il accepte que la souffrance puisse provenir de lui. Ce bon garçon est particulièrement allergique aux pleurs des femmes et il préfère souvent souffrir lui-même plutôt que d'avoir à faire souffrir ; il s'agit là de son petit côté masochiste. Il n'empêche que, dans ses rêves et en imagination, Vincent se voit comme un véritable Superman de cinéma, capable de tout régler par une réplique cinglante et implacable.

Vincent, le très mauvais garçon

La série télévisée *L'incroyable Hulk* représentait à merveille la psychologie du bon garçon. Dans son état normal, Hulk est un homme bon qui œuvre de tout son cœur pour le bien de sa communauté. Il est un modèle de gentillesse et de pacifisme. Mais si, par malheur, il voit les choses tourner à son désavantage, il se transforme en cet incroyable monstre laid et terrifiant qui vous met un bar sens dessus dessous en quelques minutes, et qui finit toujours, bien sûr, par avoir la main haute sur tous les vilains.

Ceci nous amène à parler de la rage sourde qui habite notre bon Vincent. Elle s'exprime généralement par des remarques désobligeantes et par un certain cynisme, qui se retournent souvent contre lui. Mais dans son for intérieur, il en va tout autrement. Si, par malheur, il rencontre chez l'autre un manque d'empathie et de compréhension trop flagrant, le volcan explose, la lave sort. Il devient vengeur, méprisant, rancunier, et il est soudainement habité par une multitude de scénarios, tous plus sanglants les uns que les autres. Chantage, manipulation, tous les moyens seront alors justifiés pour arriver à ses fins. Qu'est-ce à dire ? Est-ce ainsi qu'on le paie pour sa gentillesse, qu'on le remercie de tous ses efforts ?

Nul doute que, dans un deuxième temps, il tente de maîtriser ces pensées mauvaises qui se seront emparées de lui et, s'il se sent abandonné de tous, qu'il se voile d'un grand manteau de sensibilité mystique comme s'il allait se porter candidat au martyre.

Son rapport avec le père est pratiquement inexistant. Il a répondu à l'indifférence par l'indifférence. Le bon garçon a, semble-t-il, pardonné à son père et s'est résigné à vivre dans le monde de la mère ; où il se trouve d'ailleurs souvent très bien. Mais il y a lieu de se méfier des eaux dormantes. Bon saint Vincent, priez pour nous !

Éric, l'éternel adolescent

Nous pénétrons maintenant dans un univers aux contours flous, un monde végétatif et mou. Nous retrouvons Éric dans son salon, l'œil ailleurs, amusé, narquois. Éric se moque facilement de tout, de lui-même d'abord, mais, surtout de ces *yuppies* perfectionnistes qu'il a en sainte horreur. Il parle nonchalamment du dernier film qu'il a vu, tout en sirotant un café ou une bière ou encore en se roulant un joint. Il est midi. Il vient de se lever. Il a les cheveux ébouriffés, une barbe de trois jours, et il contemple de sa fenêtre, en esquissant un sourire condescendant, ces « joggeurs » qui se donnent tant de peine pour rester en forme.

Pour Éric, la société est un endroit très gris où tout le monde est mis en boîte et uniformisé. Cette société par trop « conventionnelle » ne présente aucun intérêt à ses yeux. Par choix, il ne travaille pas régulièrement, craignant qu'un job ne lui coupe les ailes et ne le prive de sa précieuse liberté. Il en va de même pour ses relations. Toutes ses amies sont gentilles, *mais*… Il y a toujours un mais. « Mais elle ne s'intéresse pas aux arts ! » « Mais elle a un enfant ! » « Mais ses seins sont trop petits ! » Rien n'est assez parfait pour qu'il s'engage à fond.

Vivre avec une femme et avoir des enfants avec elle représente pour lui un enracinement auquel il ne peut se résoudre.

En fait, l'éternel adolescent ne se rend pas compte qu'il fait malgré lui partie de cette société; il est même en train de devenir un modèle culturel très répandu. Son allure *cool*, gentille et pas très assurée, est devenue un stéréotype mâle répandu. Il y a longtemps que les compagnies de publicité ont ciblé le marché très fructueux que représente cette masse de célibataires tentant de prolonger indéfiniment une adolescence qu'ils ont peur de quitter.

À trente-cinq ans, Éric entretient encore l'illusion qu'il peut tout être. Il demeure secrètement convaincu de son génie et de sa supériorité, et il caresse la fantaisie de se révéler au monde d'une façon fracassante. Il vit dans un marais de rêves et de fantasmes dont il n'arrive pas à se dépêtrer et, finalement, il y patauge avec beaucoup de plaisir. Contrairement au héros, il ne combat pas cette fusion avec l'inconscient, il s'y complaît.

Toute marécageuse que soit son imagination, il demeure fasciné par les hauteurs, que ce soit celles de l'inspiration, de la drogue et de la spiritualité, ou celles de l'alpinisme et de l'aviation. Vous le retrouverez prosterné devant un grand maître, ou un gourou, vivant dans un émerveillement qu'il voudrait perpétuel: il est en quête de grandes images, de grands *trips*, et espère ne jamais redescendre, ne jamais être *down*. Pour cela, il doit se stimuler sans cesse. Il vogue ainsi de femme en femme, d'intérêt en intérêt, de liane en liane, comme Tarzan. Quand la fascination tombe, quant le réel reprend ses droits, l'adolescent éternel s'éclipse.

Éric vit dans un monde « au boutte », tout à fait marginal. Si vous décidez d'aller vous coucher à deux heures du matin, un soir de semaine, parce que vous avez assez bu et que vous travaillez tôt le lendemain, il vous méprisera. À ses yeux, vous deviendrez automatiquement *straight*, guindé. Alors qu'Adrien-le-héros vit dans un monde de performance et de place au soleil, l'adolescent éternel, lui, vit dans le mythe de ce qui est *cool*.

Il existe aussi un type d'éternel adolescent somnolent qui ne sort jamais des brumes, pour ainsi dire. Celui-là perd sa vie en rêves démesurés qui demeureront lettre morte. Il veut écrire un grand roman mais ne peut même pas s'asseoir pour en rédiger la première page. Il perd tout son enthousiasme et son énergie en rêveries de succès, alors qu'il a un mal fou à se discipliner. Parfois, il est profondément convaincu qu'il jouera le rôle de sauveur de l'humanité : il se croit l'enfant divin auquel seront épargnés les aléas ordinaires de la vie. Il voudrait qu'on l'aime inconditionnellement pour le potentiel qu'il porte et refuse qu'on l'évalue à partir de ses actes. Il voudrait qu'on juge l'arbre non pas à ses fruits, mais plutôt à ses graines et aux promesses qu'elles contiennent.

Rejetant un monde d'amour conditionnel, Éric réprime son désir de pénétrer le monde et d'y laisser sa marque. Ce faisant, il se castre et perd son véritable potentiel créateur ; vivant dans un monde fantasmatique, il devient fantomatique. L'issue peut être tragique : les drogues et l'alcool, qui étaient les supports de sa créativité, peuvent devenir des compagnons de sa solitude, qui l'entraîneront dans la misère et n'embelliront plus que les banalités auxquelles il tente désespérément de croire. C'est alors que cet adolescent si prometteur, ce magicien des images et des mots, se retrouvera vraiment les ailes coupées. Du jour au lendemain, il se transformera en vieillard cynique et désespéré croyant contenir le monde dans sa vision pessimiste.

Sa tentative d'échapper au monde maternel s'est faite « vers le haut », en refusant l'incarnation ou la compromission dans une seule vie. Bien entendu, cette attitude produit l'effet contraire : Éric n'appartiendra jamais à une autre femme que sa mère et ne sera jamais vraiment enraciné dans l'existence. Il continuera à nier la réalité du temps et des limites, tout comme il rejettera la réalité de ses imperfections. Il aura fait sienne la chanson de Jacques Brel, qui dit : « Mourir, cela n'est rien. Mourir, la belle affaire. Mais vieillir ! »

La jeunesse éternelle

Marie-Louise Von Franz, talentueuse collaboratrice de Jung, a consacré tout un livre au problème de l'éternel adolescent, qui s'intitule *Puer Aeternus*[5]. *Puer Aeternus*, expression latine signifiant « jeunesse éternelle », est le nom d'un dieu très ancien qui possédait la capacité de renaître à l'infini. Dans cet ouvrage, elle fait une étude du *Petit Prince*, d'Antoine de Saint-Exupéry.

Elle nous amène à réfléchir sur le monde imaginaire d'où vient le Petit Prince : un univers solitaire dont la végétation a pratiquement disparu, une planète désertique et dévorée par un arbre géant. Von Franz croit que l'auteur traduit ainsi sa propre solitude intérieure et sa soif de sentiments. Comme le *puer* fuit la vie concrète et en arrive à vivre complètement dans sa tête, son monde se dessèche. Le Petit Prince a soif d'incarnation, il veut être initié aux fleurs, aux animaux et, par-dessus tout, à l'amitié.

Von Franz démontre également combien Saint-Exupéry était prisonnier d'un complexe maternel, représenté par le baobab géant qui dévore la planète du Petit Prince, et combien, tout au long de son existence, il n'a pu s'ajuster à la vie sur terre. Il ne pouvait jamais passer plus d'une ou deux semaines à la maison avec sa femme, pressé de repartir dans les airs avec son avion.

Lorsqu'on le déclara trop vieux pour être pilote, il usa même de ruses et de stratagèmes afin d'obtenir un autre poste qui puisse lui permettre de continuer à voler. C'est d'ailleurs cette dernière affectation qui, en 1944, lui coûta la vie.

Au début du conte, Saint-Exupéry nous livre une sorte d'autobiographie. Il parle à la première personne de ses dessins d'enfants : ces derniers n'ont pas été compris par les adultes d'alors et ne le sont pas plus par ceux d'aujourd'hui. Il affirme qu'il n'a jamais

5. VON FRANZ, Marie-Louise, *Puer Aeternus, The Problem of the Puer Aeternus*, Spring Publications, Zurich et New York, 1970, 287 p. (Toute la première partie de ce livre est consacrée à l'étude du *Petit Prince* de Saint-Exupéry. Les informations que j'utilise dans les paragraphes suivants sont tirées des pages 1 à 20.)

pu s'identifier au monde des grands qui ne s'intéressent qu'au bridge, au golf, et la politique. Il dit qu'il a vécu seul toute sa vie, n'ayant jamais trouvé d'adulte qui comprenne ses esquisses ; tout le monde prend pour un chapeau son dessin mystérieux d'un boa qui a avalé un éléphant.

Von Franz voit dans ce dessin un signe évident indiquant que le moi héroïque de l'auteur, symbolisé par l'éléphant (animal que l'on vénère pour sa force et sa sagesse), a été avalé par la mère ; l'auteur représente cette dernière sous les traits du boa qui étouffe sa victime. En fait, Saint-Exupéry eut une mère très forte et très énergique ; d'après des témoins extérieurs, il était difficile de résister à la force d'attraction de cette femme qui, par ailleurs, avait un comportement bizarre : quand son fils partait en mission, elle se recouvrait d'une mantille noire (geste signifiant le deuil), car elle s'attendait toujours à sa mort ! Von Franz dit que certains fils sont ainsi portés à des comportements autodestructeurs à cause de leur complexe maternel, et que certaines mères désirent inconsciemment la mort de leur fils pour pouvoir le posséder éternellement dans la mort.

Comment vivre sa créativité à l'âge adulte ?

Il n'en reste pas moins que Saint-Exupéry a eu la force créatrice de réaliser une œuvre et qu'il est considéré comme un héros de la guerre et de l'aviation. Le problème ne réside pas là ; l'adolescent éternel ne manque pas de valeur ou d'enthousiasme, c'est plutôt qu'il n'arrive pas à intégrer sa créativité à sa vie adulte. Ces deux mondes, pour lui, restent douloureusement incompatibles. La figure du Petit Prince représente la sensibilité artistique de Saint-Exupéry, qu'il avait réussi à préserver mais qui s'était réfugiée dans la sentimentalité. Cette sentimentalité représentait néanmoins son contact réel avec son individualité profonde, et la perdre aurait correspondu ni plus ni moins à un suicide. De fait, son œuvre et sa vie posent cette question : comment devenir adulte tout en conservant la vitalité et le regard de l'enfant ?

Le *puer* représente le potentiel créateur en chacun de nous. Il est cette partie de nous-mêmes qui ne peut accepter tout à fait que les choses demeurent ce qu'elles sont. Le *puer* nous aiguillonne, nous rappelle nos ambitions passées, nous fait rêver. Et nous avons tant besoin de rêver ! Car nos rêves orientent toute transformation de notre réalité. Mais quand le moi ne s'attache pas à réaliser ces rêves et à les intégrer à la réalité de tous les jours, il devient prisonnier d'une adolescence éternelle.

Le travail, le mariage, la fidélité, la discipline seraient-ils alors les remèdes amers, mais nécessaires, auxquels l'adolescent éternel devrait avoir recours ? Plusieurs analystes, dont Jung, le croient, mais James Hillman, analyste qui se réclame ouvertement de la psychologie du *puer* dans son aspect créateur, pense qu'il s'agit là d'une façon trop morale d'aborder la question, car l'individu risque alors de perdre la qualité créatrice qui l'aide à vivre.

Mais revenons à notre Éric-l'éternel-adolescent, qui a maintenant atteint la quarantaine. Bien que ses chances de réaliser un vieux rêve s'amenuisent, il reste obsédé par l'idée de devenir un musicien acclamé. Au cours d'une séance, il me confiait, avec justesse, que peu lui importait ce que j'en pensais, moi, comme analyste : ce désir l'avait soutenu pendant dix ans et il lui était impossible de le mettre de côté. Le jour où j'ai osé exprimer des doutes plus sérieux quant à la possibilité de réaliser son rêve de célébrité, il a interrompu brusquement sa thérapie, claquant l'une après l'autre les trois portes qui mènent à mon bureau.

Un autre client du même âge, qui vivait encore chez ses parents, est venu me consulter parce qu'un psychologue lui avait annoncé brutalement, après lui avoir fait subir une batterie de tests, qu'il ne deviendrait sans doute jamais ingénieur, faute d'aptitudes ! Or, cet homme avait tout simplement besoin d'écoute. Au bout d'une heure d'entretien, il me lança : « Au fond, je ne sais pas si j'aurai le courage de faire toutes ces études, mais cette idée va m'aider à sortir de chez moi et à reprendre ma vie en main. »

Nos rêves et nos fantaisies sont chargés d'énergie ; s'en interdire l'accès consiste à se priver de vitalité. Hillman croit qu'il faut encourager le *puer* à réaliser toutes ses fantaisies et à prendre tous les moyens pour y parvenir. S'il veut séduire cent femmes, qu'il le fasse ! S'il veut être adulé par le monde entier, qu'il tente cette aventure ! L'essentiel demeure d'encourager l'incarnation ; et cette stratégie a le bonheur de ne pas mutiler l'individu.

Valentin, le séducteur

Si vous êtes comme ça, téléphonez-moi !
Si vous êtes comme ci, téléphonez-me !
J'aime les filles.
JACQUES DUTRONC

Timide ou chasseur au grand sourire, Valentin possède un charme qui laisse peu de gens indifférents. Il est le compagnon naturel d'Éric-l'éternel-adolescent et il en possède généralement les traits dominants. La psychologie populaire l'enferme dans des jugements stéréotypés dont l'un voudrait qu'il recherche sa mère en chaque femme.

Cet attachement au monde maternel semble cependant d'une nature plus complexe. En effet, Valentin fuit souvent comme la peste toute femme qui ressemble de près ou de loin à sa véritable maman. En général, le Don Juan préfère les femmes fatales. S'il a eu une mère dure, il recherchera un être doux et compréhensif ; s'il a eu une mère chaleureuse, il se mettra en quête d'une femme de tête. Celle qu'il appelle de tous ses vœux, c'est la mère idéale qu'il n'a pas eue. Où est la femme qui saura combler tous ses désirs et qu'il pourra élever au rang de déesse, celle qui saura être à la fois mère, épouse et maîtresse ?

Et pourtant, Valentin s'attache souvent à des femmes qui ressemblent à sa maman. Il devient alors prisonnier de la répétition et recherche chez ces femmes qui lui rappellent sa mère ce qu'il n'a pas reçu d'elle, comme pour guérir une incommensurable blessure d'amour.

Ainsi, s'il a besoin de tendresse, il n'ira pas vers une partenaire douce, mais plutôt vers une femme froide et distante qu'il tentera de conquérir afin qu'elle livre enfin sa douceur.

Le goût de Valentin pour les triangles amoureux trahit aussi son attachement à la mère. Il se trouve souvent attiré par des femmes déjà engagées, car celles qui sont libres lui font peur. Il faut dire que la compétition stimule son appétit ! Son goût pour les triangles trouve son origine dans le drame œdipien : Don Juan cherche à supplanter le père, à échapper à sa loi et à lui prendre sa femme. Mais il demeure hanté par ce père. Ainsi, à la fin de la pièce de Molière, Don Juan, après avoir séduit plus de deux mille femmes, doit comparaître devant le père de l'une de ces femmes qu'il a conquises et abandonnées afin de répondre de ses actes.

Tout comme Don Juan, Valentin est capable de froideur, de cruauté et de manipulations machiavéliques pour arriver à ses fins. Il s'agit là de l'ombre froide et de la face cachée de ce pseudo-sentimental. Il lui arrive d'être désespéré et de vivre dans un monde sans amour : son cœur s'est barricadé. Ou alors il sombre dans le cynisme, surtout quand il se désintéresse de son propre jeu et voit les femmes tomber une à une. Il méprise alors ses victimes pour leur naïveté[6].

La grâce du premier moment

Valentin n'obéit pas aux mobiles héroïques mais aux mobiles érotiques. Il butine de femme en femme, les quittant les unes après les autres lorsque la fascination des premiers moments est tombée. On dit qu'il est amoureux de l'amour. Mais quelle est donc cette fascination pour les premiers instants ? Elle remonte peut-être aux premières lueurs de sa vie. Le séducteur tente de recréer ce premier moment de grâce où il a illuminé la vie d'une femme, ce temps où il a été divin pour sa mère et où sa mère l'a été pour lui.

---

6. Je tiens cette conception du cynisme de Ginette Paris, qui l'a élaborée lors d'une conférence sur Dionysos. PARIS, Ginette, « Le Masque de Dionysos », conférence donnée au Cercle C. G. Jung de Montréal, 13 mai 1988. (Notes personnelles.)

Comme il se trouve manifestement devant une entreprise impossible, il va tenter, en collectionnant des morceaux ici et là, de reconstituer cette vie fœtale paradisiaque. Il cherche pour ainsi dire à reconstituer ce que j'appellerais un « utérus mystique » ; « mystique » parce qu'il n'existe que dans l'esprit et que la quête de Don Juan est, somme toute, religieuse, et « utérus », parce que le sexe de la femme est devenu l'objet de convoitise par excellence, symbolisant son besoin de retourner aux sources.

Son temple sera fait des différents grains de peau et des multiples attitudes de ses nombreuses femmes. Il aime celle-ci pour ses beaux seins, cette autre pour ses fesses rondes et son sexe étroit, une troisième pour son intellectualisme, une quatrième parce qu'elle est une partenaire idéale pour le cinéma et le théâtre. Il aime Ginette pour son conservatisme et Andrée pour le timbre sensuel de sa voix.

Comme il ne peut trouver de déesse incarnée, Valentin en recompose une en accumulant des fragments de femmes. Il cherche un être qui se moulerait à son désir et dans lequel il pourrait se fondre. Dans le film *Casanova,* de Fellini, on voit le séducteur vieilli qui danse avec une poupée automate dans une grande salle de bal tandis que sa mère le salue du haut d'un grand escalier. Il a enfin trouvé celle qu'il cherchait, la créature qui répond entièrement à ses aspirations : une poupée articulée. La femme est un objet pour lui, et encore, cet objet n'est que partiel. Chacune de ses maîtresses représente un instant d'un moment global, ce moment magique qu'il recherche ardemment et pour lequel il a une nostalgie existentielle.

Le tombeur tombé

Pourquoi donc les femmes se montrent-elles si sensibles au charme de ce tombeur ? Parce qu'elles aiment le séducteur pour l'ardeur de sa quête, pour sa fougue et ses belles paroles, parce qu'elles savourent avec délice l'attention soutenue qu'il leur porte. De plus, il reconnaît souvent ce que chaque femme a d'unique, ce petit rien que les autres hommes semblent ignorer. Par exemple, il découvre en elle l'humour caché, le goût pour les jeux érotiques, il fait en sorte qu'elle se sente belle, il la dévoile et la reconnaît dans son individualité et sa féminité. Le séducteur peut faire cela parce qu'il est précisément en quête de cette qualité unique et précieuse. Mais alors que, touchée, sa partenaire se croit acceptée dans tout son être, lui veut déjà s'enfuir avec le souvenir de ce qui lui a plu en elle, sans avoir à s'engager dans une relation. C'est ainsi qu'il brise, souvent à son corps défendant, bien des couples et bien des cœurs.

Nos valeurs morales et traditionnelles condamnent Valentin; pourtant, il nous fascine et nous l'envions. Un grand nombre d'hommes et de femmes d'aujourd'hui ont adopté son mode de vie. Les relations amoureuses qu'ils vivent sont brèves et intenses. Sans doute y a-t-il là une négation de la réalité de l'autre, une peur de s'engager fidèlement dans une seule relation, mais pourquoi le mariage à vie devrait-il être le seul modèle valable ? Mis à part le bien-être des enfants, qui doit être assuré, pourquoi des êtres qui ne s'aiment plus devraient-ils demeurer ensemble ?

Sur le plan collectif, l'entrée en scène de Valentin, en brisant des couples ou en leur faisant réaliser qu'ils tiennent encore à un attachement qu'ils croyaient mort, provoque le bris du *statu quo*. À son insu, il initie bien des êtres à leur unicité profonde en leur apportant leur première souffrance ou leur première grande joie. Agent d'Éros, le dieu ailé qui ne tient pas en place, il oblige des individus à affronter les questions vitales que sont l'amour, la passion, la sexualité et la jalousie. D'ailleurs, que serait la vie sans cette présence du charme, sans ce culte de la beauté ? Fondamentalement, il s'agit d'une recherche de l'Absolu, de l'Unique en chaque être.

Les séducteurs sont en général de grands sensibles qui refusent d'assumer leur sensibilité. Leur carapace de chasseur les aide à vivre, jusqu'à ce que le cynisme ou le vacuum de leur existence viennent frapper à la porte. La fragmentation des amours de Valentin en objets partiels témoigne de la fragmentation même de son être. C'est sa propre unicité qu'il recherche dans ce fouillis d'aventures et de situations complexes. Sa quête de beauté est déjà un pas vers l'Autre ; sa sensualité fougueuse peut élargir son objet et le mettre en communion profonde avec l'univers, les arbres, la nature. Et si cette conscience, peu à peu, se fait jour, il n'aura peut-être pas à finir sa vie au bras d'une poupée automate, sous l'œil charmé de sa maman.

Gaëtan, l'homosexuel

L'anthropologie nous apprend qu'il n'existe pas de société humaine où il n'y a pas eu d'homosexualité. Ce fait semble prouver une prédisposition génétique à l'attraction qu'un être humain peut éprouver pour un être du même sexe. D'autre part, force est de constater que les homosexuels qui ont connu un père acceptable sont rares, ce qui nous amène à penser que les facteurs sociopsychologiques jouent également un rôle primordial dans la genèse de ce phénomène.

Être bien dans sa peau

Mais le débat entre culture et nature est sans fin. En fait, le problème n'est pas là ; il se situe plutôt dans les jugements de valeur que nous posons par rapport à l'homosexualité. À mon sens, que l'on soit homosexuel ou hétérosexuel, le facteur déterminant se résume à la question suivante : est-ce qu'un individu se sent en conflit ou non avec ses penchants sexuels ? Si un être se trouve bien dans sa peau et en accord intime avec lui-même, je ne vois pas ce que la psychologie pourrait lui reprocher.

Nous nous servons des homosexuels comme boucs émissaires de nos malaises face à la sexualité. À proprement parler, il ne me semble pas plus problématique d'être homosexuel que séducteur ou « bon garçon », étant donné que chacun de ces types d'homme participe de la même genèse triangulaire d'un père manquant et d'une mère trop présente. Dans tous les cas, c'est l'aspect compulsif d'un comportement qu'il s'agit de remettre en question, non le comportement dans son essence.

La psychanalyse a subjectivé à outrance la problématique des homosexuels, faisant de ceux-ci des êtres pervers et incapables de vivre une sexualité pleine. Ces jugements ont simplement eu pour effet d'ajouter un poids supplémentaire à la charge de culpabilité que les homosexuels avaient déjà à porter. La conception psychanalytique passe à côté du fait que l'homosexualité est le produit d'une culture qui a séparé le corps de l'esprit, les hommes des femmes. Le nombre croissant, semble-t-il, des homosexuels, est la conséquence directe d'une société qui interdit à l'homme d'être aussi sensible que la femme. L'homosexualité exprime la désuétude des rôles traditionnels masculins.

La mère, encore la mère, toujours la mère

Les homosexuels vivent la même fusion avec la mère que les types d'hommes que j'ai décrits dans les pages précédentes. Ce sont les accidents de parcours qui diffèrent. Souvent, les premières expériences homosexuelles se sont produites à des moments propices et ont ainsi orienté tout le développement sexuel.

La mère de Paul était morte en couches. Son père, accablé d'une nombreuse famille, envoya son fils vivre chez son oncle dès son tout jeune âge. Il y partageait son lit avec un cousin très affectueux et, assez vite, son manque d'affection s'érotisa. Henri, un autre de mes patients, pour sa part, fut placé en foyer d'accueil, chez des gens qu'il croyait être ses grands-parents ; il s'attacha à des soldats de passage qui, occasionnellement, partageaient son lit puis partaient en silence au petit matin (on lui avait dit que son père avait été aviateur).

Chez les adolescents, l'homosexualité a souvent pour motivation le besoin d'explorer son pareil avant de pouvoir affronter la femme. Dans bien des cas, ce ne sera que transitoire. La « gang de gars » revêt alors une importance capitale. Il s'agit d'une période où les jeunes hommes sont particulièrement vulnérables, car ils doivent changer de pôle d'identification. C'est la nécessité de ce changement qui rend l'identité masculine tellement fragile et qui fait que les hommes ne sont jamais très loin de se réfugier dans l'homosexualité. Quand le père est manquant et qu'il n'y a pas de substituts paternels, le passage risque de connaître des ratés, et le jeune homme de demeurer identifié au féminin. D'ailleurs, si les hommes dénigrent tant les homosexuels, c'est pour tenter de tenir à distance ce qui les menace de l'intérieur.

La soif d'initiation par le père

Jung interprète l'homosexualité[7] comme une identification à l'anima (partie féminine), ce qui expliquerait la tendance de plusieurs homosexuels à cultiver des « manières féminines ». Cette identification pousse automatiquement un individu à rechercher sa propre persona masculine chez une personne de même sexe que lui. Cette attitude témoigne de la fascination de plusieurs homosexuels pour des objets typiquement mâles, tels que chaînes, bottes ou képis. Elle témoigne également du goût de certains hommes pour les scènes sadomasochistes et les « bars de cuir », où l'on joue à être des hommes, des « vrais ». Anthony Stevens y voit, pour sa part, une soif inconsciente d'initiation, une recherche du père dur, du père fort, recherche qui se déroule principalement sur le terrain de la sexualité et de la séduction[8]. Ces deux interprétations éclairent des comportements qui autrement demeurent absurdes.

> *Gaëtan, âgé de quarante ans, était à la tête d'une jeune compagnie qu'il avait mise lui-même sur pied et se battait fermement pour lutter contre la concurrence et donner de l'expansion à son entreprise. Il me rapporta l'événement suivant, qui s'était produit à quelques reprises et qui le déroutait complètement. Au cours de lunchs avec des hommes d'affaires plus âgés que lui, il se sentait*

---

7. JUNG, Carl Gustav, *Les Types psychologiques*, Librairie de l'Université, Georg et Cie, Genève, et Buchet/Chastel, Paris, 3e édition, 1967. (Voir le glossaire de cet ouvrage sous la rubrique « anima ».)
8. STEVENS, Anthony, *op. cit.*, p. 172.

immanquablement obligé, à un moment ou à un autre du repas, d'affirmer : « Vous savez, je ne suis pas un véritable homme d'affaires. » Hélas, quand l'un des convives est un banquier de qui on tente d'obtenir un prêt de 100 000 $ et que les autres sont de très gros clients, ce genre de déclaration provoque presque à coup sûr une catastrophe ! Ainsi, chaque fois qu'un tel événement se produisait, il retournait à son bureau les larmes aux yeux, stupéfait de son geste autodestructeur. Quelles pouvaient bien être les raisons d'une telle compulsion ?

Si l'on examine le geste de Gaëtan sous l'angle d'un besoin d'initiation par le père, il devient en grande partie compréhensible. Effectivement, en avouant sa vulnérabilité à des hommes d'affaires plus vieux que lui, Gaëtan renforçait leur position de pères forts. De la sorte, il pouvait presque à coup sûr les amener à répliquer quelque chose comme : « Mais non, tu te débrouilles très bien ! » Une telle remarque lui donnait le sentiment d'être accepté dans leur communauté d'hommes, élevé au rang d'égal, initié à sa propre masculinité.

Une dynamique similaire se produit également dans la relation sadomasochiste. L'un joue le rôle de dominateur, l'autre, de victime. Par le jeu mutuel des projections, l'un initie l'autre au mystère de la force masculine et vice-versa. Parce qu'elle est liée uniquement à l'acte sexuel, cette initiation connaît cependant ses limites : elle doit être répétée aussi souvent que renaît le besoin sexuel.

Pour Freud aussi, l'absence du père joue un rôle capital dans l'orientation de l'identité sexuelle. En étudiant Léonard de Vinci, il note que la tendresse excessive d'une mère abandonnée par son mari a provoqué chez le jeune génie une identification au féminin. L'enfant doit faire un choix entre garder son amour pour lui-même ou l'investir dans une personne de l'autre sexe. Freud conçoit l'homosexualité comme un compromis entre garder sa libido pour soi ou la céder à quelqu'un d'autre. En effet, l'amour de soi absolu, le « narcissisme primaire », phase essentielle où l'on se croit le centre du monde, est fortement ébranlé par la découverte de la différence des sexes ; or, cette blessure peut être guérie, et l'estime de soi restaurée s'il y a admiration envers le parent du même sexe, mais à la condition expresse que ce dernier réponde par une admiration similaire. Quand le père est absent, cette « histoire d'amour » n'a pas lieu pour le jeune garçon, il demeure incertain de son identité et l'altérité, la réalité de l'autre lui fait peur.

En fait, nous pourrions dire que l'homosexuel utilise son homosexualité pour tenter de supprimer la réalité de l'autre afin de demeurer dans le « même », c'est-à-dire dans ce qui lui ressemble. Dans un certain sens, il se trouve dans la même position que le séducteur qui connaît, lui aussi, une difficulté à supporter cette altérité. C'est pourquoi, chez l'homosexuel comme chez le Don Juan, les changements de partenaires sont fréquents. Pour que l'autre n'existe que le temps du désir, que le temps d'un fantasme, et pour que sa réalité ne parvienne pas à prendre forme.

La ré-appropriation du corps

Gaëtan n'a pas toujours été homosexuel, activement du moins. Dans la vingtaine, il a vécu pendant quelques années avec une femme. Sa vie a ensuite été profondément secouée lorsqu'il a eu sa première aventure homosexuelle. Il avait une mère colérique et dominatrice qui, selon ses propres dires, portait « une sorte de folie en elle ». De plus, lorsqu'il était adolescent, il a connu des difficultés avec son père. Sa masculinité en est restée blessée. Il a fui dans les airs. Il est devenu l'un de ces grands êtres aériens, un peu flottants, qui impressionnent par leur égalité d'humeur et leur apparent détachement.

La relation avec sa partenaire a toujours été ouverte et tendre. Mais lors des rapports sexuels, jouir devenait pour lui une véritable contorsion mentale. Cela passait par la tête au lieu de passer par le corps ; aussi devait-il imaginer toutes sortes de choses pour maintenir son érection. Il parlait tout autrement de sa relation homo-

sexuelle, qu'il qualifiait de « plus électrique », de « plus corporelle » ; le plaisir ne passait plus par sa tête, mais était ressenti directement dans son corps, et le contact avec l'autre s'en trouvait renforcé.

Ces quelques remarques nous amènent au cœur du problème. Ce que Gaëtan nous dit, au fond, c'est que le rapport avec un homme lui donne accès à son corps. L'absence de son père et le caractère difficile de sa mère ont imprimé en lui une gêne physique qu'il ressent fortement au contact d'une femme. Craignant de se laisser aller et de s'enfoncer totalement dans le plaisir physique, il demeure observateur de la relation.

Gaëtan parlait de l'homosexualité comme si c'était un rituel de reprise en main de son corps et de ses émotions. Il choisissait en général des partenaires passifs qui avaient besoin de son appui. Ces partenaires lui donnaient l'occasion de faire une chose qui le valorisait à ses propres yeux : il devenait le protagoniste jouant le rôle actif, le stimulateur de leur sexualité. Ces hommes lui permettaient ainsi d'affirmer : « Je ne suis pas comme ma mère ! » L'homosexualité lui avait permis de s'arracher au corps de sa mère et d'avoir accès à sa propre vitalité. Les retrouvailles avec le corps et la sensibilité constituent, selon moi, l'essentiel de bien des expériences homosexuelles.

Quand un homme a souffert de l'absence physique et affective du père, il n'est pas surprenant qu'il essaie alors de se retrouver en explorant concrètement le corps masculin. Il existe certains apprentissages qui ne se font qu'entre gens du même sexe. Il en va ainsi pour le premier maquillage qu'une jeune fille applique sur son visage, rituel qui ne tolérerait pas la présence d'un regard masculin ; et il en est de même pour ces interminables compétitions entre hommes, où ces derniers apprennent l'héroïsme. Leur besoin de se mesurer sans cesse et d'aller jusqu'à comparer la longueur de leurs pénis est une réalité de la condition masculine qui ne peut être outrepassée sans conséquences.

La présence effective du père permet au jeune homme d'expérimenter son corps comme quelque chose de beau, qu'il peut porter avec fierté. La plupart des homosexuels ont eu des expériences terribles avec leur père et c'est dans l'homosexualité qu'ils se sont donné le droit d'aimer le corps des hommes et, partant, leur propre corps. La plupart des hommes ne se donnent pas le droit de se trouver « beaux ». J'ai eu un client qui ne recherchait pas le plaisir sexuel avec ses amants, il se contentait de dessiner inlassablement leur corps et leurs mains ! Son art était une célébration du corps masculin.

L'assise d'une identité, pour un individu, commence dans le corps qui est semblable au sien. Voilà sans doute pourquoi plusieurs homosexuels fréquentent si assidûment les clubs de santé ; inconsciemment, ils reprennent tout au début, là où quelque chose a manqué. Quand un être se sent mal dans sa peau, qu'il soit homme ou femme, c'est d'abord son corps qu'il tente de changer ; cela va de la coiffure au changement de sexe en passant par la chirurgie plastique du nez ou de la mâchoire. De même, le fils devient souvent « gai » parce qu'un homme – c'est souvent le premier – l'a trouvé beau, l'a désiré dans son corps et l'a séduit.

La peur des femmes

Pour Gaëtan, la peur de l'autre se concrétise dans la peur du sexe de la femme. Ce n'est pas la femme-compagne, la femme-amie qu'il craint, c'est la femme instinctive, celle qui a un corps, un sexe. Il trahit peut-être ainsi son attachement à la mère parce que, curieusement, c'est le sexe de notre mère qui demeure le grand inconnu dans notre relation avec elle. Gaëtan obéit sans le savoir à l'injonction de ne pas appartenir à une autre femme.

Par compensation, il voue un culte quasi religieux aux grandes stars, telles Marylin Monroe ou Greta Garbo. Cette vénération de la femme déesse reflète une fascination pour l'image de la mère qu'il aurait voulu garder intacte, parée à jamais de ses attributs divins. Comme c'est le cas pour sa propre mère, ces stars demeurent des femmes intouchables et, justement, Gaëtan ne veut pas toucher à la femme.

Plusieurs homosexuels rapportent avoir été témoins de scènes violentes entre leurs parents et avoir vu leur mère se faire brutaliser par leur père. Comment peut-on respecter son propre sexe après cela ? Ces fils deviennent alors les gardiens et les sauveurs d'une mère en difficulté émotive, et c'est ainsi que se tisse le lien indestructible qui les attachera au corps de leur mère, les plongeant à la fois dans la peur d'être dévorés et dans la frayeur de toucher à une autre femme.

Le sida psychologique

Benoît, le frère cadet de Gaëtan, rêva que ce dernier était atteint du sida. Il prit son rêve au sens littéral et téléphona aussitôt à Gaëtan pour lui dire d'aller se faire examiner par un médecin. Il ne lui serait pas venu à l'idée que le Gaëtan du rêve puisse symboliser une partie de lui-même. L'effet immédiat fut que la panique gagna Gaëtan, qui arriva à sa séance fort ébranlé.

Je m'efforçai de replacer le rêve dans le contexte de la vie de Benoît et de la relation entre les deux frères au cours des derniers mois. À l'instar de tous les fils de la famille, Benoît est lui aussi homosexuel. Âgé de vingt ans, il vient tout juste de quitter la maison maternelle. Aux dires de Gaëtan, c'est lui qui a le plus souffert de la séparation de leurs parents. Son problème actuel est qu'il entretient à leur égard une fureur sans bornes dont il n'arrive pas à se départir.

Devant cet état de fait, et dans le but de l'aider, Gaëtan s'est ouvert à Benoît de sa démarche analytique. Il lui a parlé de la large place que le thème de l'inceste émotif vécu avec la mère a pris dans nos séances. Il lui a aussi parlé de l'influence négative que le rejet agressif de la part du père avait eue sur le développement de sa personnalité.

Mais Benoît a refusé de voir des correspondances entre la vie de son frère et la sienne. C'est Gaëtan qui était malade au point de devoir recourir à une thérapie, pas lui ! Il projetait sur son aîné les dimensions de lui-même avec lesquelles il ne voulait pas entrer en contact :

les informations que ce dernier essayait de partager lui semblait contagieuses et dangereuses au point que, métaphoriquement parlant, pour Benoît, Gaëtan avait le sida.

Je trouvai extrêmement intéressant que l'inconscient de Benoît nomme en ces termes ses difficultés psychologiques. Et je me mis à me demander si la défaillance acquise du système auto-immunitaire n'aurait pas sa contrepartie sur le plan psychologique. Est-ce que le syndrome immuno-déficitaire acquis ne refléterait pas une défaillance du système immunitaire psychologique, acquise elle aussi ?

Dans plusieurs cas d'homosexualité, l'intégrité psychologique du sujet a en effet été fortement ébranlée par une enfance particulièrement difficile où il a été pris en otage dans la bataille que ses parents se livraient. Ainsi, il éprouve de la difficulté à mobiliser son système de défense psychologique. Cette situation rend toujours un individu, qu'il soit homosexuel ou non, particulièrement vulnérable aux expériences négatives.

Les études menées par le médecin californien Louise Hay[9] établissent un lien direct entre la défaillance du système immunitaire et l'état psychologique de l'individu. Ses observations auprès de sidatiques la conduisent à cette conclusion : peu importe le type de traitement employé envers les personnes atteintes du sida, que ce soit la chimiothérapie ou les médecines douces, les malades qui parviennent à ralentir l'évolution de la maladie sont ceux qui entreprennent une thérapie sur le plan psychologique. Les techniques de visualisation mentales lui semblent particulièrement efficaces pour garder l'individu en bonne santé mentale ; *Corps à corps, Journal de sida*[10], du français Emmanuel Dreuilhe, en témoigne éloquemment.

---

9. Louise Hay rend compte de ses recherches dans les livres : *Heal your Body* et *You Can Heal your Life*. Pour ce qui est de l'interrelation entre le système immunologique et l'état psychique, le magazine américain *Newsweek* en a fait son dossier principal dans le numéro du 7 novembre 1988, l'intitulant « Body and Soul ».
10. DREUILHE, Alain Emmanuel, *Corps à corps, journal de sida*, coll. au Vif du Sujet, Gallimard/Lacombe, Paris, 1987.

En résumé, nonobstant la réalité des pratiques sexuelles à haut risque de cette population, la vulnérabilité des homosexuels au virus ne proviendrait-elle pas aussi d'une prédisposition psychologique entraînant une fragilité sur le plan physique ? Si oui, les homosexuels seraient des fils manqués particulièrement atteints par le manque de triangulation père-mère-fils.

L'homo-érotisme

Il se profile, chez les homosexuels, le même drame que chez les hétérosexuels car ils sont, tout autant que ces derniers, habités par l'idée de trouver l'être idéal et de former avec lui un couple stable. Mais, soit parce qu'il n'y a pas d'enfants en jeu, soit parce que le couple idéal est souvent une utopie (et encore plus souvent chez les homosexuels que chez les hétérosexuels), on les voit se précipiter d'aventure en aventure, s'enflammer pour un nouvel être puis se retrouver déçus quelques mois plus tard. Chaque fois que je les accompagne dans ce processus qui semble vouloir se répéter indéfiniment, j'espère et je veux croire avec eux que, cette fois-ci, il s'agit de la bonne relation. Or, je sais bien, tout comme eux aussi d'ailleurs, que les chances sont fortes pour que ce ne soit pas le cas, et que le fait de trop aimer, de trop vouloir aimer, signifie en fin de compte ne pas s'aimer suffisamment.

Il me semble parfois que Gaëtan ne recherche pas tant la sexualité avec d'autres hommes qu'une forme d'érotisme. À l'âge adulte, le besoin profond d'être avec des hommes persiste pour plusieurs d'entre nous. Là-dessus, les témoignages que j'ai recueillis au cours de plusieurs ateliers avec des hommes adultes concordent : le fait d'avoir un lieu de partage les rend plus sûrs d'eux-mêmes, plus confiants et plus entreprenants. Tous disent qu'ils sont moins méfiants envers les autres hommes. Ils découvrent simplement leur besoin de relations homo-érotiques, en d'autres mots, leur besoin d'échanger des sentiments et de l'affection entre hommes. Voir d'autres hommes montrer de la vulnérabilité ou de la violence, les toucher, leur parler, confirme chacun dans son identité masculine. Chaque être possède une partie homo-érotique qu'il doit reconnaître s'il veut parvenir à sa pleine sensibilité.

Julien, l'homme rose

Comme beaucoup d'hommes de sa génération, Julien a connu une période féministe. Il a lu quelques tomes du journal intime d'Anaïs Nin et apprécié *Paroles de femme* d'Annie Leclerc ; il a réfléchi sur les essais de Simone de Beauvoir et aimé *Les Carnets d'or* de Doris Lessing. Dans la vague des bouleversements culturels qui se sont produits à la fin des années 1960, il est devenu féministe. Et, en principe, il l'est toujours.

Cependant, n'y a-t-il pas lieu de s'interroger sur la motivation réelle de son engouement ? Julien n'aurait-il pas simplement utilisé le féminisme comme un atout de plus pour demeurer dans la faveur des femmes ?

> *Julien a aujourd'hui trente ans. Confident d'une mère dépressive dont abusait un mari autoritaire, il s'est, adolescent, opposé à son père à quelques reprises afin de défendre l'intégrité de sa mère. En plus de créer une difficulté d'identification à la masculinité, son enfance et son adolescence l'ont rendu très sensible aux revendications des femmes. Il était, pour ainsi dire, féministe avant l'heure. Il épousa une femme forte qui avait la tête bien faite et dont il partageait les idées sur le couple. Vint le premier enfant. La grossesse se déroula sans trop d'anicroches, bien que Julien se sentît de plus en plus abandonné. Une fois l'enfant né, ce fut beaucoup moins facile. Il ne pouvait tolérer que sa femme donne toute son attention au bébé et, impuissant à faire valoir ses frustrations, il devint violent.*

Il s'est produit avec Julien ce qui se produit avec beaucoup d'hommes. Dès que le regard de leur partenaire les quitte, ils n'existent plus, leur monde s'écroule, ils tombent dans le vide. Ils redeviennent des enfants capricieux et querelleurs. Ce qui revient, pour la femme, à avoir un petit de plus sur les bras.

La raison profonde, pour Julien, de son adhésion au féminisme, réside dans sa peur d'être abandonné et dans son désir ardent d'être payé sans cesse d'affection maternelle pour le moindre geste de bonne volonté qu'il accomplit.

Son féminisme n'est pas un choix réfléchi ; il est une tentative de plus pour plaire à la femme et s'assurer ses bonnes grâces. Or, tant qu'un homme n'est pas affranchi de sa mère, il ne peut aimer une autre femme : sa libido, sa force de vie, demeure enchaînée au complexe maternel. Cela signifie qu'il ne peut pas faire le sacrifice de ses propres besoins pour répondre à ceux de l'autre.

Trop souvent, les hommes trompent ou quittent leur femme lorsqu'elle est enceinte ou qu'elle vient tout juste d'accoucher, en fait, au moment où elle a le plus besoin de soutien et de présence. Ils perpétuent, de la sorte, l'héritage des pères manquants.

Le féminisme est le fruit d'une réflexion profonde des femmes sur leur condition. Il n'appelle pas une adhésion irréfléchie de notre part, mais bien plus une réflexion, dans le même sens, sur notre propre condition d'homme. Notre féminisme superficiel cache mal le fait que nous sommes demeurés des « fils à maman ». Il cache mal notre peur profonde de la femme.

Narcisse, le mal aimé

Quelques échos de Marie

Attablé dans un bar, je sirotais une bière en compagnie d'une collègue de mon âge. Je venais, après de longs mois, de retrouver Marie, et nous avions beaucoup à nous raconter. L'entrée en scène d'un beau jeune homme allait pourtant faire prendre un tour très inattendu à notre conversation. À peine eut-il mis les pieds dans le bistrot que Marie s'étouffa dans son verre. Je lui demandai ce qui n'allait pas. Elle me raconta alors l'aventure très particulière qu'elle avait vécue avec lui.

Au cours de l'été précédent, elle s'était éprise du jeune homme en question, de huit ans son cadet. Elle avait été attirée par son charme et, surtout, par son irrésistible sourire. Les premiers moments de leur relation furent très agréables. Pourtant, après quelques semaines de fréquentation seulement, elle avait déjà l'impression d'un vide incommensurable. On aurait dit qu'il ne s'intéressait qu'à lui-même. Il rapportait tout à lui et voulait être le centre d'attention. Quand elle racontait quelque chose de personnel, il l'interrompait pour renchérir avec un événement similaire le concernant. Il ne prenait intérêt à ce qu'elle faisait que s'il pouvait en tirer un profit direct. Il n'y avait, semble-t-il, pas de place pour elle dans sa vie.

Un jour où Marie allait donner une conférence importante, il l'entraîna dans une querelle à propos d'un détail insignifiant quelques minutes à peine avant l'allocution. Il prenait un malin plaisir à lui gâcher ses joies. On aurait dit qu'il ne pouvait tolérer le bien-être ou les succès de son amie s'ils ne dépendaient pas de lui. Il fallait qu'elle s'efface ou lui laisse croire qu'il était le centre de son univers, sinon, le couple boitait.

Sur le plan sentimental, les choses n'allaient guère mieux. Il avait peine à s'ouvrir et à se laisser toucher. Il était pris à l'intérieur de lui-même et se confiait peu. Pourtant, chaque fois que Marie voulait le quitter, il protestait vivement et s'accrochait à elle. C'était à n'y rien comprendre. Marie conclut qu'il la fréquentait pour son argent et sa réputation. Il tenait plus à ce qu'elle faisait qu'à ce qu'elle était. Il ne tenait pas à elle, il se tenait « après » elle !

Au lieu de fuir, Marie s'entêta. Elle voulait connaître le secret de son amant. Sa discrète enquête la mena bien vite du côté de l'enfance. Elle croyait que le comportement de son ami s'expliquait par le fait qu'il avait été trop « gâté », étant jeune, et que ses parents avaient obéi à ses mille et un caprices. À sa grande surprise, elle découvrit une tout autre réalité. Sur le plan matériel, il est vrai qu'il n'avait manqué de rien et que, d'autre part, ses parents lui avaient prodigué beaucoup d'attention. Mais c'était pour l'inonder de leurs propres ambitions sans respecter son individualité. Ceci expliquait pourquoi, avec un diplôme universitaire en poche, il préférait des emplois qui étaient en dehors de sa spécialité. Il avait obtenu son « papier » pour plaire à ses parents ; maintenant que c'était fait, il se tenait férocement à distance de leurs désirs à son égard.

Marie comprit alors que son ami n'avait jamais été reconnu comme une personne à part entière par ses parents. C'est pourquoi il cherchait tant à se mettre en évidence. Il souffrait d'une profonde blessure d'amour. Cette blessure était tellement vive qu'il ne pouvait risquer de la découvrir. Quand elle voulut aborder ce sujet avec lui, il sombra dans le mutisme. Il ne pouvait tolérer de voir sa vulnérabilité reflétée dans les yeux d'une autre personne ; il avait besoin que son amante le croie sans faille. Marie devenait un miroir trop négatif. Il vivait pour être désiré, disait-il, par pour être critiqué. Il se désintéressa rapidement d'elle et la quitta sans comprendre l'amour qu'elle avait pour lui.

C'était la première fois qu'ils se rencontraient après de longs mois de séparation. Je compris qu'elle voulait lui parler et je pris congé de Marie. Sur le chemin du retour, je me mis à penser au mythe de Narcisse, dans lequel un jeune homme refuse les avances de la belle Écho pour tomber amoureux de sa propre image. Je décidai de surnommer « Narcisse » l'amant de Marie.

Être désiré à tout prix

Contrairement à ce que l'on croit, Narcisse n'est pas un homme qui s'aime trop ou qui n'aime que lui-même. Il s'agit plutôt de quelqu'un qui manque terriblement d'amour parce qu'il n'en a pas eu suffisamment étant jeune ; du moins pas assez pour prendre confiance en lui-même et se croire digne de l'estime des autres. Son individualité intrinsèque, sa richesse propre n'ont pas été suffisamment reconnues dans son environnement familial. Sa quête d'amour est féroce, d'autant plus qu'elle demeure grandement inconsciente; il adoptera le mode du « plaire à tout prix » pour tenter de remplir le trou qui l'habite.

La psychanalyse utilise cette métaphore de Narcisse tombé amoureux de sa propre image pour exprimer le fait que la personnalité narcissique[11] se sert des autres comme miroir d'elle-même; elle recherche une lueur de reconnaissance dans leurs yeux. Narcisse ne vit que pour être désiré.

Être désiré ! N'est-ce pas également l'ambition du héros, du *puer*, du séducteur, de l'homosexuel ou du jeune père jaloux des soins que la mère prodigue à l'enfant ? Vouloir être désiré, qu'y a-t-il de mal là-dedans ? Rien, sinon qu'un problème survient au moment où un individu ne peut vivre que dans ce registre, au point d'en oublier sa propre substance, ses propres limites, sa propre imperfection, tout comme le Narcisse du mythe qui, lui, en meurt.

L'envers de la médaille est le suivant: pour être désiré, Narcisse doit se mouler au désir de l'autre. Il s'installe ainsi dans un faux développement. Il vivra sous le mode de la « suradaptation » à son environnement; il vivra tendu, crispé, incapable de s'abandonner, comme s'il allait être puni s'il osait se dérober à ce qui se fait ou ne se fait pas.

Narcisse trouve la confirmation de sa propre substance dans le regard des autres. Les autres lui servent de miroir, ils sont là pour confirmer qu'il existe; et plus il s'approche de ceux à qui il confère de l'importance, plus il se sent important. Il aime « se tenir » avec des gens connus. En fait, comme le faisait remarquer Marie, il aime se tenir « après » ces gens, s'accrocher à eux sans que cela paraisse.

Jamais Narcisse n'admet son terrible besoin des autres, car ce désir ardent le mettrait en contact avec l'immense vide qui l'habite.

11. Dans son aspect le plus grave, la psychologie du fils manqué s'apparente singulièrement aux cas narcissiques sur lesquels la psychanalyse néofreudienne s'est penchée ces dernières années (voir les élaborations inspirantes de KOHUT, Hein: *Le Soi*, coll. Le Fil Rouge, Presses Universitaires de France, Paris, 1974, 374 p.). Cette psychologie du narcissisme recoupe la psychologie du *puer* décrite par la psychologie analytique (jungienne) et s'apparente aussi avec ce qu'il est convenu d'appeler le « caractère passif-agressif ».

Moins il se sent de l'intérieur, et plus sa recherche de compréhension et d'affection devient frénétique et désespérée. Son sens d'identité et son bonheur dépendent uniquement du fait d'être aimé et d'être populaire. C'est d'ailleurs cette exclusivité qui le pousse au drame.

Sa confiance en lui-même fluctue énormément : elle est à la hausse s'il se voit beau dans le miroir que lui procurent les yeux des autres, à la baisse si le miroir est défavorable. Il se trouve ainsi extrêmement vulnérable à la critique négative et y répond en se détestant. Il est incapable de s'aimer ou de se féliciter pour ses bons coups ; il a même du mal à accepter une gloire méritée. Son miroir intérieur est très dépréciateur, tout comme celui de la belle-mère envieuse dans *Blanche-Neige*. « Miroir, miroir ! Dis-moi qui est la plus belle ? » Et le miroir de répondre : « C'est Blanche-Neige ! »

Narcisse est devenu un élément majeur de notre culture, comme en témoigne le livre de l'historien américain Christopher Lasch, *The Culture of Narcissism*[12]. Une culture dite narcissique repose essentiellement sur les notions de succès et d'échec ; elle ne connaît pas d'entre-deux. Au sein de cette culture, l'image prend alors beaucoup d'importance, car il s'agit plus de paraître que d'être. Une telle société souffre d'une trop grande identification à la persona, c'est-à-dire au masque social. Une telle emphase mise sur l'image de soi a nécessairement pour effet « d'infirmiser » le développement global de la personnalité. Cela se fait toujours aux dépens de la sensibilité individuelle, aux dépens de l'anima, qui devient vite la « folle du logis ».

Rock, le révolté

À la recherche du père disparu

La télévision de Radio-Canada présentait, en février et en mars 1988, une mini-série de cinq heures intitulée Rock. *Cette série*

12. LASCH, Christopher, *The Culture of Narcissism, American Life in an Age of Diminishing Expectations*, Warner Books, New York, 1979, 447 p.

raconte la délinquance et la réhabilitation d'un adolescent, qui a fui sa Côte-Nord natale pour se mettre à la recherche de son père à Montréal. Bientôt désabusé et en manque d'argent, il se tourne vers les petits vols, puis vers la prostitution, et enfin se fait « ramasser » par la police. On le place dans une maison de redressement. L'ami d'enfance qui l'a accompagné dans sa fuite suit le même trajet, mais, quant à lui, goûtera à la prison, où il s'endurcira ; une fois libéré, il en viendra d'ailleurs aux coups avec son père et le poignardera, le laissant presque mort.

Ce n'est pas sans raison que la série se termine sur le quasi-meurtre d'un père par son propre fils ; de fait, elle est entièrement consacrée à la question du père manquant. Le père de Rock a en effet quitté la maison sans préavis, abandonnant un beau jour sa famille et son commerce. Il était soi-disant sorti pour aller s'acheter des cigarettes et on ne l'avait plus revu. Rock n'acceptera jamais cette défection du père et acceptera encore moins le fait que sa mère ait refait sa vie avec un autre homme.

Une scène très émouvante va décider de sa fuite vers la ville. Chaque jour, Rock se rend au petit port du village dans l'espoir d'avoir des nouvelles du « disparu », marin de son métier. Le capitaine d'un bateau, ami et messager de son père, lui remet enfin un paquet contenant un briquet en or et une cassette. Fou de joie, l'adolescent court sur le cap, face au fleuve, pour écouter le message tant attendu. Il va enfin connaître, pense-t-il, les véritables raisons du départ de son père, et il espère aussi que ce dernier lui annonce la date de son retour. Il pose son ghetto blaster *sur une pierre et, recueilli, écoute le précieux message. Mais les paroles du père sont confuses, incohérentes, banales et trouées de silence.*

Au comble de la déception et de la frustration, Rock finit par s'écrier : « Mais parle, bonyeux, dis-lé ! » En criant ces mots amers, il décoche un coup de pied au magnétophone, qui se retrouve à la mer. Cette scène est suivie d'une course folle en forêt, au cours de laquelle le héros s'attaquera à un jeune arbre et le déracinera. Cet arbre est le symbole de sa courte vie déjà brisée. L'abandon et le mutisme de son père vont entraîner la descente de Rock dans l'enfer de la délinquance, à la recherche du père disparu.

L'énergie indomptée

Les délinquants sont des bandes de jeunes révoltés, tombés dans l'alcoolisme, la prostitution ou la drogue, et qui « font la rue ». La rue devient leur foyer, tout comme la pauvreté ou la maladie. Les délinquants représentent toute cette force indomptée, non orientée par le principe paternel. Ils vont s'employer, par vengeance ou plus simplement par besoin de survivre, à faire le mal en réponse au mal qu'on leur a fait. Les délinquants sont nos rédempteurs négatifs ; ils nous rappellent notre propre humanité, celle que nous avons tendance à oublier, gonflés que nous sommes par nos projets altruistes.

Il est intéressant de constater que ces bandes reproduisent l'ordre qu'elles contestent. Il y règne une hiérarchie et une discipline surprenantes ; on obéit à ceux qui ont fait les plus gros coups, qui ont risqué leur vie ou qui ont fait de la prison. Plusieurs de ces bandes se donnent aussi des rites d'initiation qui suivent des cycles et respectent les schèmes traditionnels. On sait, par exemple, que certains clubs de motards exigent de leurs membres qu'ils aient tué quelqu'un avant de faire partie de leur confrérie. D'autres clubs demandent au néophyte d'uriner sur sa veste de cuir ou de violer une fille. Partout, on doit affirmer son pouvoir et sa volonté « d'être un homme ». Héroïsme, fidélité et solidarité sont à l'ordre du jour, et on risque la mort si on décide de quitter le groupe.

Le père du Mal

Le problème de la délinquance est plus important qu'on ne le croit. Des bandes d'adolescents, solidement armés, se livrent de véritables guerres pour le contrôle du marché de la drogue. En 1987, dans la seule ville de Los Angeles, il y a eu plus de 400 meurtres reliés à ces luttes de clans ; on estime à 70 000 le nombre de jeunes faisant partie de plus de 600 groupes[13]. En 1986, la découverte, dans le fond du fleuve Saint-Laurent au Québec, de huit cadavres enroulés dans des sacs de couchage et attachés à des blocs de ciment, a levé le voile sur les activités de ces bandes. Cette tuerie avait elle aussi comme origine la lutte que deux clans de motards se livraient pour une question de drogue.

Ces clans ont pour nom les Hell's Angels ou les Satan's Choice et on y retrouve en surimpression la figure du père du Mal. On se rapproche du père comme on le peut ! Si on n'est pas fasciné par le bon père du ciel, on devient la proie de celui des enfers. Nous assistons alors à l'émergence d'une puissance archaïque dont les opposés, le Bien et le Mal, demeurent divisés.

L'individualité consiste à pouvoir réaliser en soi-même l'union de ces opposés. En étant à la fois bon et méchant, fort et faible, le véritable père ouvre la voie de l'humanité à son fils. Lorsqu'il n'a pas pris un visage personnel pour l'enfant, il le condamne à suivre un modèle stéréotypé et machiste : hiérarchie absolue, lutte pour le pouvoir et mépris des femmes. Le fils devient la proie de pulsions agressives qu'il n'arrive pas à maîtriser, et il peut aller jusqu'au meurtre pour se prouver sa virilité.

Sébastien, le désespéré

Il y a peu de temps, j'ai fait la connaissance de Sébastien, venu me consulter sur les conseils d'un professeur. C'est un jeune homme, grand, fort et sensible, qui semble narquois et sarcastique. C'est un élève brillant : à vingt ans, il a terminé un baccalauréat universitaire. Il me déclare, en guise d'entrée en matière, qu'il ne sait pas ce qu'il est venu faire dans mon bureau. Il ne tient pas en place tant il est nerveux ; il se lève, me tourne le dos et va à la fenêtre. Sur son poignet, je vois la cicatrice boursouflée laissée par la lame qui a fouillé son bras pas plus tard que le mois dernier.

13. Radio-Canada AM, CBF 690, « Informations », 3 avril 1988.

La douleur qui n'a pas de sens

Comme Sébastien, de plus en plus les jeunes tentent d'en finir au plus vite avec la vie. Il semble que le suicide soit la cause principale de mortalité chez eux, après les accidents de la route. D'année en année, ce fléau prend des proportions épidémiques pour les nouvelles générations.

En France, depuis 1945, les statistiques se rapportant au suicide se sont complètement inversées. Avant 1975, les hommes de plus de quarante ans se suicidaient davantage que ceux de vingt à quarante ans. Mais aujourd'hui, la fréquence du suicide chez les jeunes est supérieure à celle des hommes plus âgés. Par ailleurs, le nombre de suicides augmente rapidement chez les jeunes : 8 300 en 1975 comparé à 12 500 en 1985[14] !

Le Québec possède, pour sa part, au nombre de ses tristes records, celui d'avoir le plus grand nombre de suicides au monde dans la tranche d'âge qui va de dix-huit à vingt-cinq ans. Un étudiant de niveau pré-universitaire sur douze avoue avoir tenté de se suicider et, en 1982 seulement, il y a eu 421 suicides de jeunes âgés de moins de trente ans[15]. Les statistiques révèlent qu'une tentative sur dix est fatale, ce qui signifie qu'en 1982 il y a eu 4 210 tentatives de suicide chez les adolescents et les adolescentes du niveau collégial. Parmi les suicides réussis, ceux des garçons sont deux fois plus nombreux que ceux des filles.

La célèbre étude d'Émile Durkheim, *Le Suicide*, publiée en 1897, faisait déjà ressortir le fait que les hommes ne se suicident pas seulement en raison de troubles de santé mentale, mais que le suicide a des causes sociales. Plus une société intègre ses membres, moins il y a de suicides ; plus les normes qui assurent l'ordre social se désintègrent, plus le taux de suicide augmente.

14. PHILIPPE, Alain, *Suicide : évolution actuelle*, Interforum, Paris, 1988.
15. « Le suicide chez les jeunes prévenu grâce à un vidéo », dans *La Presse*, Montréal, 16 juin 1987.

Ceci expliquerait pourquoi les aînés ont pu tolérer le mal de vivre dans des conditions matérielles souvent précaires, alors qu'aujourd'hui les jeunes désespèrent. La religion d'hier, le credo matérialiste et le confort qu'il promettait, la possibilité de donner une instruction aux enfants donnaient un sens aux sacrifices des générations précédentes. Mais à l'heure actuelle, alors que le chômage menace toutes les professions, que le stress du monde moderne s'accroît et que les traditions s'érodent, vivre perd son sens.

Selon une enquête menée par le Centre de communication en santé mentale de l'hôpital Rivière-des-Prairies, à Montréal, les jeunes songent à se suicider *pour arrêter d'avoir mal*. Et de fait, la douleur dont Sébastien parle, celle qui fait vraiment mal, celle qui attaque un être dans son intégrité, c'est la douleur qui n'a pas de sens, celle qu'il supporte sans savoir pourquoi.

Ici encore, le manque du père se fait brutalement sentir. Son rôle n'était-il pas, dans les initiations tribales, de donner un sens à la souffrance ? La mutilation que les pères devaient infliger aux fils ne faisait-elle pas partie intégrale du rite ? Les jeunes adolescents devaient apprendre à tolérer la douleur, à l'apprivoiser et à la maîtriser s'ils voulaient être admis dans le monde des hommes. Les blessures volontairement infligées par les pères symbolisaient les souffrances à venir, leur donnaient une signification mythique. La souffrance devenait la compagne inévitable de la croissance d'un être et de son apprentissage des lois de l'univers.

Aujourd'hui le sens de la souffrance s'est perdu. Il n'est plus transmis par les pères qui, obsédés par le confort, cherchent eux aussi à la fuir par tous les moyens (dont celui, très répandu, qui consiste à abandonner femmes et enfants). Quand il y a incompréhension du rôle de la souffrance, quand elle n'est plus assumée par les pères, nous assistons au désolant spectacle d'une génération de jeunes qui, devant l'horreur du monde, se réfugient dans le suicide. Le suicide est le moyen le plus définitif qu'un être humain puisse employer pour se soustraire à la douleur de vivre et tenter de faire échec à l'absurde.

Christian, le défoncé

Christian est un rescapé de la défonce. Il a quarante ans. Fils du *baby-boom*, il a vécu son adolescence dans le contexte de la nouvelle aisance économique qui a suivi la guerre et dans celui de la Révolution tranquille québécoise. La drogue lui a servi de passage initiatique. Ses initiateurs culturels furent les Beatles, Marcuse et le Dr Timothy Leary, l'apôtre du LSD. Cette époque coïncidait avec son rejet des valeurs de son père qui, lui, buvait.

L'illumination instantanée

La drogue fut pour lui une prise de contact avec l'infini et le sans limite. Elle lui permettait, en élargissant ses perceptions, l'accès instantané à de nouveaux états de conscience qui lui ouvraient la voie à une approche différente des structures du monde et de la psyché. À vingt ans, Christian était fils de Dionysos.

Le Maître des transformations

Chez les Grecs, Dionysos était le dieu de l'extase et de l'ivresse; il présidait aux Initiations, comme au Mystère des transformations. Précurseur du Christ, il mourait, lui aussi, pour renaître. Il était tué et démembré par ses disciples qui mangeaient sa chair et, au matin, les nymphes rassemblaient ses membres. Ce rite symbolisait l'ivresse de l'alcool: le buveur, sous son emprise, vole en éclats, mais il se réveille le jour suivant ayant rassemblé ses esprits. Le mystère chrétien de la transsubstantiation a conservé des éléments du rite dionysiaque: le prêtre, pendant la messe, boit du vin.

La plupart des rites initiatiques invitent les néophytes à pratiquer certains exercices ou à consommer certaines substances qui les plongent dans un état de transe: toute métamorphose nécessite le relâchement de la conscience ordinaire. Ces rites ont pour but de mettre le novice en contact avec ce qui est surhumain, avec la Vie ou l'Esprit qui se cache derrière les apparences. C'est d'ailleurs pourquoi l'alcool porte le nom d'« eau-de-vie » en français et de *spirit* (esprit) en anglais, que les champignons hallucinogènes sont appelés « champignons magiques » par leurs usagers et que le cannabis est devenu l'« herbe du diable ».

Pour les adeptes de Dionysos, la bacchanale, l'ancêtre de nos carnavals, était une fête où tous les excès étaient permis (débauches, orgies, danses, beuveries), et où l'on célébrait le dieu, tentant de rejoindre son Esprit et de goûter à son extase. Mais, comme les carnavals, ces bacchanales rituelles se déroulaient à des moments bien circonscrits de l'année. Aujourd'hui, nous avons perdu le sens réel de la fête et nous célébrons à longueur d'année; nous voulons que le délice soit perpétuel et nous refusons le sevrage. Comment s'étonner que ce soit dès lors l'aspect sombre du dieu qui vienne au jour et qu'au lieu de servir à notre transformation, nos bacchanales servent beaucoup plus souvent à notre infantilisation.

Quand on considère la soif sauvage et effrénée avec laquelle des milliers de « baby-boomers », comme Christian, sont tombés dans la potion magique, on ne peut s'empêcher de penser qu'il y avait vraiment une pulsion autodestructrice dans cette recherche de changement à tout prix. Il est vrai que toute métamorphose dionysiaque passe par le mystère de la mort; mais il s'agit d'une mort symbolique, une mort qui n'est pas à rechercher littéralement. Ils voulaient changer ou mourir, et demandaient aux drogues l'impossible. Mais celles-ci ne procurent que l'illusion du changement, encouragent la passivité et font croire que tout est fait alors que tout reste à faire.

La mère noire

Ainsi, si elle a pu lui ouvrir la porte de l'Instant et le délivrer d'une auto-observation maniaque, la drogue n'a pas tardé à devenir, pour Christian, une mère noire qui se nourrissait de sa substance à lui. Il ne voulait plus quitter l'extase dionysiaque, il voulait continuer à s'abreuver au biberon psychédélique. La drogue le rendait vivant, lui donnait une impression de toute-puissance et le faisait pénétrer dans un monde magique. Comment s'étonner qu'il se soit retrouvé, quelques années plus tard, au seuil d'une grisaille quotidienne qui lui paraissait révoltante ? La drogue, qui l'avait fait « flyer » si haut, l'entraînait maintenant tellement bas !

Si pour plusieurs de ses amis, l'expérience de la drogue constitua une initiation significative, elle prit pour Christian un visage plus terrible : celui de la maladie et de la criminalité.

Lorsque Christian en eut assez de vivre dans l'illégalité pour pouvoir s'offrir sa dose quotidienne de cocaïne, il se résolut à se faire désintoxiquer, mais ce fut pour sombrer, l'année suivante, dans un alcoolisme sans fond. La figure de Dionysos noyé dans sa barrique de vin le représentait à merveille. À trente ans, Christian était le fils préféré de Dionysos !

Le profil psychologique de Christian

Lorsqu'il entreprit sa deuxième cure de désintoxication, Christian ne répondait plus au portrait type du « baby-boomer » mais à celui de l'alcoolique ; il vivait une grande dépendance orale, avait un besoin constant d'être nourri et de recevoir. Dans une conversation, il ramenait tout à lui-même et à ses propres expériences, demeurant sans cesse centré sur sa personne. Il avait de fortes pulsions agressives, et tous les moyens lui étaient bons pour échapper à l'angoisse que pouvait provoquer en lui le fait d'être seul[16].

Dans le quotidien, la frustration de ses besoins d'attention déclenchait sa rage, et il tentait d'étouffer sa déception et son hostilité en buvant. L'alcool lui servait de substitut symbolique à l'affection. Il buvait aussi pour blesser ceux qui, croyait-il, avaient été avares de leur sollicitude à son égard. Il ne se rendait pas compte que le résultat le plus immédiat de cette attitude était qu'il se punissait lui-même en s'enfonçant dans une dégradation masochiste.

16. Je tire ces traits caractéristiques de l'alcoolique d'une étude réalisée par FROMM, E. et MACCOBY, M. : *Social Character in a Mexican village*, Prentice Hall inc., Englewood Cliffs, N.J., 1970, chap. 8, p. 156-178.

Il n'éprouvait pas de culpabilité excessive par rapport à ses explosions d'agressivité, il craignait surtout d'être rejeté par sa partenaire et ses amis.

Il devait son besoin sans cesse renouvelé de boire à la recherche d'un sentiment de puissance et d'un bien-être total ; il voulait se sentir indépendant des autres et surtout des femmes. Il avait besoin de se présenter comme invulnérable et insensible. Christian se croyait irrésistible aux yeux des femmes et était toujours prêt à défendre son honneur, par la force si nécessaire. Au bout du compte, après avoir été un drogué aux cheveux longs, il était maintenant devenu un macho !

Le machisme traduit une attitude de supériorité mâle qui s'exprime par le désir d'exercer un pouvoir sur les femmes et de les garder dans une position inférieure. Il va sans dire qu'une telle attitude dénote plus « une peur des femmes qu'une conviction de supériorité ». En d'autres termes, le machisme est une compensation pour les sentiments de faiblesse, de dépendance et de passivité d'un homme ; son apparente dureté n'est qu'une façade. Pourtant, comme Christian, beaucoup d'hommes actuels tendent encore vers ce modèle « macho », au point qu'ils ne se sentent pas vraiment « homme » tant qu'ils ne parviennent pas à le réaliser. Heureusement, l'homme-qui-ne-pleure-jamais est de moins en moins à la mode.

L'alcoolique à papa, l'alcoolique à maman

Christian est ce qu'on pourrait appeler un alcoolique « matriarcal » : il a déjà cédé au pouvoir de la mère. Il vit dans un monde dominé par les femmes et il est plus dépendant que les autres hommes. Ce type d'alcoolique est souvent un fils de famille monoparentale dont la mère, dans la plupart des cas, n'a pas connu son père. Elle s'avère à la fois complaisante et sadique envers son fils, « surprotectrice », mais intolérante face à ses velléités d'indépendance. Elle prétend le protéger du monde extérieur, alors qu'elle casse son esprit d'initiative et sa confiance en lui.

Pour sa part, l'alcoolique « patriarcal » diffère de Christian en ce sens qu'il cherche à vivre en accord avec l'idéal patriarcal ; hélas, en raison de sa réceptivité passive et de sa dépendance, il est mis en échec par sa femme : il n'est pas équipé pour la guerre des sexes. Il a souvent l'infortune d'épouser une femme dominatrice et parfois destructrice. Comme il ne trouve pas le courage de se mesurer à elle, il se réfugie dans l'alcool pour sortir de la maison et retrouver sa joie de vivre. Ce n'est qu'une fois saoul qu'il aura la force de l'affronter ou de la battre. Il partage avec Christian sa faiblesse envers les femmes et le fait de remplacer l'indépendance et la virilité par une agressivité sadique.

Quand un modèle s'effrite

Sur le plan social, les anthropologues qui se sont penchés sur l'alcoolisme ont constaté ce qui suit : lorsque la structure d'une société est clairement définie, qu'elle soit nettement matriarcale ou nettement patriarcale, on n'y trouve que relativement peu d'alcooliques. Dans la première, parce que les hommes n'ont pas à prouver sans cesse qu'ils sont des hommes et à lutter pour un pouvoir que, de toute façon, ils n'ont pas. Dans la deuxième, parce que leur autorité n'est pas remise en question. Or nous vivons dans des sociétés où le pouvoir traditionnel des hommes s'érode, ce qui, comme les statistiques le démontrent, favorise leur tendance à boire[17].

La déstructuration du modèle patriarcal que connaît une bonne partie de l'Occident est, de plus, renforcée au Québec par le fait que sa

17. En ce qui concerne la consommation d'alcool dans les différents pays, les statistiques de 1980 vont comme suit ; la France vient en tête avec une consommation moyenne de 14,8 litres d'alcool par tête d'habitant par année, le Canada vient en seizième place avec 9,1 litres par habitant, et les États-Unis en dix-neuvième place avec 8,7 litres par habitant. On considère qu'au Canada, 1 personne sur 19 est dépendante de l'alcool. Il y a quatre fois plus d'hommes que de femmes alcooliques ; les célibataires, les divorcés et les chômeurs boivent plus que les autres. Finalement, on commence à boire de plus en plus jeune et 10,5 p. 100 des mortalités au Canada sont reliées à l'usage de l'alcool. (Source : *L'alcool au Canada, une perspective nationale*, Santé et Bien-être social Canada, 2e édition révisée, Ottawa, 1984.)

population a subi une conquête. Qu'il s'agisse des Indiens mexicains conquis par les Espagnols, ou des Indiens des États-Unis et du Canada conquis par les Français et les autres Blancs, l'alcoolisme est une réponse classique à la perte de pouvoir d'une société.

À considérer l'histoire de Christian, il apparaît essentiel de comprendre qu'une famille monoparentale sans père peut prédisposer les enfants à l'accoutumance aux substances toxiques ; le père n'est pas là pour barrer la route aux besoins symbiotiques du fils. En conséquence, celui-ci n'apprend pas à résister à ses besoins oraux ou à ses pulsions agressives. Il apparaît donc fondamental que les pères prennent conscience de ces réalités et apprennent à mieux assumer leurs responsabilités auprès des enfants, surtout après une séparation.

Incarnant le paroxysme de la dépendance et de l'emprisonnement dans le monde maternel, Christian nous offre un bon point de référence. Il amplifie ce que les autres fils manqués portent au fond d'eux-mêmes. Ce n'est pas par hasard que Dionysos est aussi le dieu des masques et du théâtre, où les traits individuels peuvent être grossis jusqu'à la caricature. Ce qui ne faisait qu'affleurer chez les autres crève ici les yeux. Il me semble que nous sommes arrivés au terme le plus dramatique de cette déstructuration de l'identité masculine due à l'absence du père. La grande question demeure celle-ci : trouverons-nous un Esprit au fond du tonneau ? Saurons-nous poursuivre notre route initiatique pour renaître à une virilité plus mûre et moins basée sur la peur des femmes ? Puisse Dionysos, maître de cette tragicomédie, nous entendre !

Épilogue du metteur en scène

Voilà, cher public, notre tour de piste est terminé. Avec tous ces fils qui se cherchent un père et tentent, désespérément parfois, de rompre avec un complexe maternel dominant. À force de travailler avec ces acteurs, je me suis pris d'affection pour eux. Comme je ne cesse de le leur dire, il ne s'agit pas pour eux de cesser d'être comme ceci ou comme cela, mais plutôt de remettre en question leurs comportements à sens unique et leur identification irréfléchie à leur personnage. Pour chacun d'entre eux, l'enjeu demeure d'accepter de briser son scénario et de devenir réel.

Mais peut-être vous demandez-vous: «Qu'arrivera-t-il si le héros n'est plus dominé par son complexe maternel? Le théâtre devra-t-il fermer ses portes, faute d'acteur? Qui, quand ils seront tous des "hommes", fera pétiller nos yeux de plaisir? Avec qui descendrons-nous, le cœur meurtri, dans la mort? Et si les séducteurs et les adolescents éternels meurent d'une dose excessive de responsabilités, qui nous entraînera, complice, à faire ou à penser ce que nous ne voulons pas? Et quelle catastrophe si les ivrognes deviennent tous sobres et que les bons garçons cessent d'être gentils!»

Ne craignez rien, même si la psychanalyse parvient à les sortir de leur étrange emprisonnement – ce qui, soit dit en passant, peut prendre beaucoup de temps au rythme où vont ces choses! –, le théâtre n'aura pas à fermer ses portes. Les héros seront toujours des héros; les séducteurs resteront des séducteurs; mais, comme ils ne seront plus contraints par leurs personnages, comme ils s'en seront affranchis et seront en mesure de vivre une vie personnelle, ils pourront jouer leur rôle avec une vigueur et une vitalité accrues. Les héros gagneront en courage et leurs hauts faits nous feront les applaudir encore plus fort, les séducteurs continueront à nous charmer et les homosexuels à nous obliger à nous questionner; il est vrai que les ivrognes boiront sans doute un peu moins et qu'il y aura moins de suicides, mais la fête n'en sera que plus joyeuse. Chacun portera son masque mais aucun n'en sera esclave, nous aurons enfin affaire à de véritables acteurs!

CHAPITRE TROIS

La peur de l'intimité

L'intimité sexuelle

Je mentionnais dans le chapitre premier la crainte du corps de la femme qu'entraînait l'absence du père. Quand un homme n'a pas eu la chance d'être séparé de sa mère, son ambivalence profonde vis-à-vis de ses partenaires s'exprime par la peur de l'intimité. Adrien, Gaëtan, Sébastien et les autres ont tous peur de s'engager dans un rapport intime et profond. Ils n'arrivent pas à garder un rapport avec eux-mêmes quand ils sont en rapport avec l'autre, la femme. De la scène de théâtre jusqu'au lit, leurs rôles leur collent à la peau.

L'intimité

Comment parler de l'intimité d'une façon qui ne fasse pas de nous des intimés(es), comme ceux ou celles que l'on cite en cour pour être jugés, ou des intimidés(es) qu'on a remplis(es) de peur par la force ou l'autorité ? Comment en parler d'une manière qui nous rende plus intimes avec nous-mêmes ?

Le dictionnaire *Le Petit Robert* parle du « caractère intime et profond » de l'intimité, de ce qui, en elle, « est intérieur et secret », mais il la décrit également comme un « agrément, confort d'un endroit où l'on se sent tout à fait chez soi » ; on y parle aussi de « relations étroites et familières » et de « la vie intime, privée ». Le mot intimité vient de l'adjectif « intime », qui lui-même vient du mot latin *intimus*, qui se trouve être le superlatif de *interior*. L'intime signifie donc ce qu'il y a de plus intérieur, et sa définition littérale est : « qui est contenu au plus profond d'un être, ou qui lie étroitement par ce qu'il y a de plus profond[1] ». Le terme rassemble ainsi les notions d'agrément, de confort, d'aise, de vie privée et de liens étroits. Ses antonymes sont l'extérieur, le superficiel, le froid, le public.

Outre les mots intimer, intimider, et intestin, qui voisinent immédiatement l'adjectif « intime » ou le nom « intimité » dans le dictionnaire, nous retrouvons l'adjectif « intolérable ». Voici donc que, par la grâce des mots, en commençant par intestin et en passant par intime, intimer, intimider et intimité pour finir à intolérable, tout un champ psychologique plein de résonances et d'allusions se dessine.

L'intimité, qu'on la désire ou qu'on la craigne, nous intimide ; elle provoque parfois en nous des réactions qui montent des profondeurs de l'intestin : crampes, constipation, diarrhées émotives ; l'intestin nous ramène à notre intérieur lorsque nous avons perdu la familiarité avec ce que nous sommes. Paradoxe des profondeurs, paradoxe de l'intimité, dont l'absence nous intime à nous questionner, mais dont la présence peut devenir intolérable.

La peur des caresses

Bertrand est un industriel de cinquante-cinq ans ; c'est un homme agréable, cultivé et avant-gardiste par certains aspects de sa personnalité. Il a eu un père alcoolique et riche qui ne vivait que la nuit.

1. ROBERT, Paul, *Le Petit Robert 1, dictionnaire alphabétique et analogique de la langue française*, Société du Nouveau Littré, Paris, 1978, p. 1025.

Ce père s'est efforcé d'écraser en lui tout esprit d'initiative, ce qui a provoqué chez Bertrand la formation d'un complexe paternel négatif qui l'a amené à perdre sa confiance en lui-même et à se méfier de ses collègues de travail. Il est fasciné par ce père qui l'a refusé et, chaque fois qu'il prend un verre de vin, il voit devant lui l'image d'un homme alcoolique qui vomit sur le plancher d'un restaurant. Il est attiré par ce modèle d'homme, bien qu'il ne veuille pas sombrer dans l'alcoolisme. L'influence néfaste du père intérieur continue à se manifester.

Le rapport avec la mère ne fut guère meilleur. C'était une femme autoritaire et froide que les employés de l'entreprise familiale craignaient. Elle a pourtant su donner des valeurs morales à son fils. Mais celui-ci se trouve prisonnier intérieurement du même conflit qui secouait la vie familiale. Il ne sait s'il doit obéir à son père ou à sa mère. Quand il est possédé par le complexe maternel, il se sent froid, rigide et subit les railleries de son père intérieur ; quand il prend un peu de vin ou fait l'amour, il se sent coupable de se laisser aller.

Bertrand est divorcé depuis plus de dix ans. Il vit seul à la campagne, dans une très grande maison. Il a peur des femmes. Une nuit, après avoir fait l'amour, il a rêvé de sa mère qui, parée d'ailes, volait au-dessus de son lit. Le lendemain, comme la plupart des lendemains d'ailleurs, il se sentait tellement coupable qu'il en eut des idées suicidaires pendant plusieurs heures.

Cet épisode m'a rappelé le mythe grec de Cybèle et Attis[2]. La déesse Cybèle est à la fois la mère, l'épouse et l'amante du très bel Attis. Lorsqu'elle prend conscience que ce dernier la trompe avec une jeune nymphe, elle se fâche, le rend fou, et celui-ci se castre dans son délire. La mère de Bertrand prend la forme archaïque d'une méchante Cybèle qui empoisonne les rapports qu'il a avec l'autre

2. LIBRAIRIE LAROUSSE, *New Larousse Encyclopedia of Mythology*, Hawlyn, N.Y., 1959, p. 150.

sexe. Pas surprenant que, dans ces conditions, il éprouve des difficultés d'érection, qu'il se retrouve pour ainsi dire castré. Sa masculinité et sa capacité de pénétrer se trouvent empêchées par une séparation qui ne s'est jamais faite d'avec la mère, bien que celle-ci soit morte depuis longtemps (il est à noter qu'au Québec un homme sur trois souffrirait de problèmes d'érection[3] !).

Chaque fois qu'une mère devient aussi imposante dans la fantasmagorie d'un homme, c'est une indication qu'il est temps de couper le cordon. Jung parle du rôle positif des images de sorcières, qu'il voit comme étant des compensations de l'inconscient qui viennent indiquer au moi que la vie symbiotique a assez duré. Si cette information psychique peut être utilisée comme telle et entraîner les prises de conscience nécessaires… tant mieux ! Mais la plupart du temps, une telle compensation a pour seul effet d'éloigner l'homme du monde féminin ; le travail intérieur n'est pas fait et la mère-sorcière, la « Cybèle noire et ailée », se retrouve projetée sur la femme extérieure, en particulier sur son sexe qui devient l'antre de tous les démons. C'est d'ailleurs pourquoi les sorcières sont souvent associées à une nudité répugnante comme dans le *Macbeth* de Polanski ou dans certains films de Fellini.

Il faut se rendre compte que ces images agissent dans notre réalité. Elles conditionnent nos attitudes, inhibent nos désirs et nous font éviter toute confrontation avec le sexe opposé, tout rapport réel et profond. Ainsi, quand les sentiments négatifs qui sont nés dans la relation qu'il a avec une femme se manifestent, Bertrand, plutôt que de les exprimer, achète des fleurs à son amie, l'invite au restaurant ou l'emmène passer une fin de semaine dans un hôtel chic. Plus il se sent agressif envers elle, plus il le nie dans ses comportements extérieurs. L'importance de ses cadeaux semble directement proportionnelle à l'ampleur de son émotion négative. Comment s'étonner par la suite que sa compagne ne satisfasse pas ses besoins, puisqu'il les renie lui-même ?

---

3. CBC, Radio-Canada, T.V., *Au jour le jour*, entrevue avec F. de Carufel, sexologue, 7 mars 1988.

Il a peur d'être dévoré, il vit dans la terreur. Toutes les femmes sont devenues de méchantes sorcières. Il se retrouve complètement saboté par cette agressivité réprimée qui le paralyse et l'empêche d'entrer en érection. En effet, les hommes ont plus de facilité à admettre un problème d'impuissance sexuelle qu'à admettre les rages et les vulnérabilités qui se profilent derrière cette impuissance. Ça devient sexuel, « uniquement » sexuel. De toute façon, on peut facilement imaginer que faire l'amour à la grande déesse-mère qui a le pouvoir de donner ou d'enlever la vie est une performance qu'aucun homme ne saurait accomplir. La peur d'être mangé tout rond ne constitue pas un climat idéal pour l'acte amoureux.

Le premier rêve que Bertrand fit, au cours de la thérapie, fut le suivant: *Il était sur une île et se terrait dans un trou parce qu'il craignait les habitants de l'autre côté de l'île, des hommes primitifs et dangereux qui tuaient tous ceux qu'ils rencontraient.* Cette image a l'avantage de nous présenter une autre vérité par rapport à son état psychique. Vous avez en effet remarqué que, dans ce rêve, ce ne sont pas de méchantes sorcières qui habitent l'autre versant de l'île: ce sont des hommes! Serait-ce donc sa propre violence qu'il redoute, celle-là même dont il aurait besoin pour trancher le nœud originel qui garde le moi prisonnier du complexe maternel ?

La peur du sexe de l'autre crée déjà un problème, mais une autre crainte se profile derrière l'impotence et l'agressivité masquée de Bertrand: la peur des caresses. Les caresses et la tendresse d'une femme produisent chez lui un effet dévastateur: elles lui donnent une sensation de brûlure; les caresses et la tendresse d'une femme le brûlent. Elles lui font mal parce qu'elles éveillent en lui de vieilles blessures bien enfouies, blessures liées à des désirs ardents d'affection qui ont été négligés; des désirs qu'il préfère conserver endormis plutôt que de risquer, une nouvelle fois, de faire face au manque et au rejet. L'intimité le blesse parce qu'il y perd tout contrôle, il est déchiré entre son désir de fuir et l'envie de se gaver d'affection. Il craint de se retrouver enfant, à la merci du dragon dévorant.

L'homme dont je vous parle a finalement réussi à surmonter ses angoisses obsessionnelles et à entreprendre une relation avec une partenaire adéquate. J'emploie le mot « adéquate » parce que l'une de ses stratégies consistait à avoir des relations avec des femmes qui ne représentaient en rien ce qu'il désirait. Il gardait ainsi son angoisse à un niveau tolérable. Avec cette nouvelle compagne, les forts désirs de fusion qu'il avait pu maîtriser par une vie austère et solitaire se sont réveillés. Mais non seulement ses besoins de l'autre se sont réveillés, mais a surgi également une possessivité qui le surprend lui-même. Il devient fou de jalousie à la pensée qu'un autre pourrait s'approcher de son élue. Cette nouvelle obsession trahit toute son insécurité intérieure. Bien sûr, il réprouve son attitude, tente de maîtriser ses angoisses, mais c'est plus fort que lui, il n'y peut rien.

Quand un individu n'a pas pu « avoir » suffisamment ses parents, c'est souvent le destin qui l'attend : l'intimité le blesse. L'intimité est ce qu'il souhaite, ce qu'il appelle de tous ses vœux, mais aussi ce qu'il craint le plus. Nous pourrions dire que Bertrand a peur du froid mais qu'il ne veut pas entrer dans une maison chaude. À travers son exemple, nous pouvons mieux comprendre le besoin de distance qui mène les hommes qui n'ont pas connu un parentage adéquat. La froideur ou la rigidité peut leur servir de refuge, mais la plupart du temps les sanglots et les angoisses existentielles se camouflent derrière ces attitudes dégagées ou hautaines d'hommes qui semblent au-dessus de tout.

Manquer de femmes

Dans son film *Casanova,* Fellini brosse une fresque vivante des fantasmes les plus archaïques des mâles. Comme beaucoup d'hommes actuels, Casanova peut faire l'amour à plusieurs femmes sans les toucher de façon émotive ou sans être touché par elles. Il ne peut éprouver de sentiments pour l'autre parce que l'émotion *lie* à l'autre. Il vivrait une telle liaison comme un enchaînement mortel. À partir du moment où il se permet d'aimer, Casanova meurt, pour ainsi dire. Il se défend donc de tout sentiment amoureux et se dépense en amourettes[4].

Casanova a constamment besoin d'un miroir de sa virilité pour se sentir homme. Par conséquent, il a peur de manquer de femmes. « Manquer de femmes », comme le langage est éloquent ! Quand un homme croit manquer de femmes, cela ne veut-il pas dire qu'il a besoin d'être rassuré par rapport à son identité sexuelle ?

J'ai tendance à le croire. Voici l'exemple d'Alain, un homme au début de la trentaine. Il ne s'agit pas d'un Don Juan, mais son cas éclaire la dynamique entourant le besoin de miroir féminin.

> *Alain connut une période très difficile après la mort du père de sa compagne parce que, pendant plusieurs mois, celle-ci perdit toute envie de faire l'amour. Il se mit alors à avoir de fréquents fantasmes homosexuels, fantasmes dont il avait honte ; il ne se sentait plus « homme ». Ses fantasmes se concentraient sur la personne d'un physiothérapeute, un homme d'âge mûr à la poitrine velue et à la stature imposante. Durant cette même période, celui-ci soignait Alain pour des blessures aux bras. Qu'un « père » prenne soin de lui et soit capable de délicatesse le mettait dans tous ses états. Son propre père, handicapé et alcoolique, avait fait régner une discipline militaire dans la maison et avait battu régulièrement ses garçons. En réaction à ce traitement, Alain s'était identifié à sa mère dévote et silencieuse qui se soumettait par devoir à son mari. Il avait retenu les aspects masochistes de sa mère et, en fantasme, rêvait d'être pris durement par son père pour lui donner ce que sa mère n'avait pu lui donner. Aussi, pendant la période où il ne put trouver de reflet de sa virilité chez sa partenaire en faisant*

4. Certains critiques contestent cependant l'interprétation que Fellini a faite des confessions de Casanova et disent qu'il l'a confondu avec Don Juan. Il semble en effet que Casanova ait entretenu de longues relations épistolaires avec ses maîtresses et fut lié à elles par des sentiments profonds. Ces faits contrastent avec le cynisme détaché de Don Juan.

l'amour avec elle, Alain développa des fantasmes homosexuels et adopta le comportement suivant : il s'habillait en femme et se masturbait en se regardant dans un miroir.

Le père abusif avait introduit chez lui un doute par rapport à son identité sexuelle. Son fantasme homosexuel et son comportement de féminisation exprimaient symboliquement son désir de séduire le père et d'incorporer sa force. Dans certaines tribus, une relation homosexuelle avec un homme plus âgé est partie intégrante du rituel d'initiation des adolescents. Dans d'autres, c'est le sperme du père qu'il faut boire pour en acquérir le potentiel de virilité. Pour leur part, les Grecs avaient élevé la pédérastie au rang d'institution. Chez la plupart des hommes, et spécialement chez ceux qui ont eu un père manquant, les fantasmes homosexuels existent, au moins à l'état latent; c'est le besoin de reconnaissance de la part d'un père qui se trouve contaminé par les besoins sexuels.

Le manque de confirmation de leur statut de mâle par un père crée donc chez les hommes une insécurité concernant leur identité sexuelle. Il les pousse à chercher constamment dans les yeux des femmes un miroir de leur virilité. Mais, quand un homme dit qu'il manque de femmes, il pourrait tout aussi bien dire qu'il manque d'hommes !

Les femmes de papier lustré

Mais revenons au désir, à la petite histoire du désir. Dans notre enfance où la sexualité était le premier des péchés, régnaient la répression et la négation du désir. Par la force des choses, la sexualité est devenue ombre, une ombre qui est allée se réfugier dans la pornographie et les *sex shops*.

C'est dans la pornographie que l'homme va chercher le miroir manquant de sa virilité. Les femmes du magazine qu'il feuillette l'interpellent, lui parlent de son gros pénis, le désirent. Elles lui renvoient une image de lui-même puissante et renforcée. Les hommes se réfugient, avec leurs femmes de papier, dans des rituels de masturbation qui sont en fait des rituels de rééquilibration narcissique, des rituels de rééquilibration de l'amour et de l'image de soi. D'ailleurs la masturbation compulsive est très souvent liée au sentiment d'être privé d'affection.

Le fantasme d'une prostituée maternelle qui peut tout comprendre et accepter, qui se plie aux moindres besoins et à tous les caprices de l'homme se profile derrière ces comportements. Qui ne rêve pas de s'abandonner dans les bras d'une tendre et jolie geisha qui le fera monter au septième ciel ? La pornographie et la prostitution sont des mondes dominés par des fantasmes si puissants que la fascination qu'ils exercent parvient à nous faire oublier leur réalité sociale souvent tragique et sordide.

Les femmes rejettent souvent la pornographie ; elles sont offusquées, à juste titre, par l'exploitation de la femme qu'elle reflète. Mais le consommateur de porno n'est pas uniquement, au niveau fantasmatique du moins, un exploiteur du corps féminin. « L'homme en manque de femme » s'identifie tout aussi bien à la femme qu'à l'homme ; il pénètre, et il est pénétré. Il y satisfait aussi des fantasmes homosexuels. Et il y vit des rapports symbiotiques, des sentiments de fusion dans l'autre, qui font partie de tout rapport amoureux ; des sentiments qu'il n'ose pas ou qu'il ne peut pas se permettre d'avoir dans la réalité d'une relation.

J'aime cette boutade du regretté Pierre Bourgault entendue par hasard à la radio : « La pornographie, c'est l'érotisme la lumière ouverte[5] ! » C'est bien de cela qu'il s'agit, d'une sexualité mâle, crue, directe, que l'homme a peine à porter devant la femme parce qu'il la croit honteuse. Les hommes doivent faire preuve d'une grande maturité pour en arriver à assumer leur besoin de « crudité virile » dans leurs rapports sexuels ; la plupart du temps, ils perdent leur spontanéité animale en quittant leur pantalon et se rabattent sur les prouesses techniques. Pourtant, cette spontanéité est la base même de l'Éros que

5. Émission de radio *Plaisir*, qui était animée par Pierre Bourgault et Marie-France Bazzo, CBF 690, tous les samedis après-midi.

la femme recherche dans l'homme. L'échange réel naît quand un homme se permet des audaces, quand il se permet « d'aimer ça ». Malheureusement, les mâles ne se permettent d'aimer ça réellement que lorsqu'ils sont seuls devant une revue ou un film porno. L'adoration de la femme dont ils témoignent alors ferait rêver un grand nombre de leurs partenaires.

Prendre la femme à distance, en cachette, par voyeurisme, est l'expression la plus accomplie de la peur de l'intimité. Pourtant, est-ce vraiment en condamnant la pornographie que nous aiderons les hommes et les femmes à comprendre de quoi sont faits leurs rapports sexuels ? J'en doute profondément. Ces condamnations ne font que renforcer la culpabilité qui habite déjà les hommes ; elles les éloignent encore plus de la femme réelle que, finalement, ils ne peuvent plus observer qu'à travers le petit trou d'un *peep-show*. Lorsqu'on regarde cela froidement, c'est à mourir de rire ou de tristesse. Pourtant c'est uniquement en pénétrant au cœur de la réalité pornographique, en explorant à fond les réalités fantasmatiques qui la soutiennent que nous pourrons arriver à y comprendre et, peut-être, à y changer quelque chose.

Comme pour beaucoup de femmes avec le roman Harlequin, la pornographie est, pour les hommes, une prise de distance par rapport à la réalité de l'autre sexe ; elle s'avère être une culture de la fantaisie, qui a sans doute sa place si elle ne détrône pas la réalité. Les hommes rêvent de geishas et les femmes de chevaliers servants. Pendant ce temps, nos histoires d'amour deviennent de véritables champs de bataille où nous livrons des luttes de pouvoir insidieuses. C'est à qui ne cédera pas aux fantasmes de l'autre. C'est l'impasse. La pornographie prolifère, la rage des femmes monte, l'impuissance des hommes règne.

Poupées gonflables, femmes jetables et remplaçables

Un ami me confiait un jour qu'il était en amour par-dessus la tête avec une femme qui fumait et buvait trop. Il adorait son rapport érotique avec elle, il s'y sentait ouvert, mais la perspective d'une liaison continue le jetait dans un besoin obsessif de « réparer » son amie, ses poches sous les yeux, ses ongles rongés. Elle « devait » arrêter de s'empoisonner au café, à l'alcool et aux cigarettes. Son accoutumance à elle lui faisait mal à lui !

Nous sommes tous prisonniers du mythe de la poupée gonflable. La poupée sexuelle que l'on peut gonfler, utiliser, crever, réparer, ranger ou remplacer à volonté est l'apothéose d'une civilisation du « tout-à-jeter ». Nous n'acceptons pas que nos amantes portent les marques de leur vie ou de leurs enfantements. Nous voulons que le miroir soit toujours vierge, idéal ; sans doute pour arriver à nous cacher les marques que nous affichons nous-mêmes. Nous les voulons parfaites et réparables mais il nous semble tout naturel qu'elles acceptent notre embonpoint, nos traces d'acné, nos tenues négligées, nos barbes hirsutes, nos odeurs, nos crânes chauves, etc.

Ce faisant, nous n'évacuons pas seulement la femme, nous évacuons la vie, la vie avec ses empreintes et ses cicatrices. Braves fils éternels, nous évacuons l'idée de la mort physique. Nous réussissons tout aussi bien, d'ailleurs, à fermer les yeux devant les signes de dépérissement que nous venons tout juste de découvrir, avec stupeur, sur le plan environnemental : l'acidification des lacs et les ravages de la pollution. Chaque être porte les traces de son évolution physique, affective et spirituelle. Chaque chose qui existe porte les marques de son histoire. Vivre en dehors de cette réalité mène directement à l'autodestruction. Au lit, nous découvrons soudain les traits de nos partenaires. Et cette découverte semble si intolérable qu'aussitôt nous nous mettons en quête d'un ou d'une partenaire plus jeune, un être « moins marqué par la vie ».

Mais mon ami connaîtrait-il des fusions amoureuses aussi nourrissantes si sa partenaire ne vivait pas des problèmes de dépendance ? Bien sûr, ce n'est pas si simple, et le corps a ses raisons que la raison ne connaît pas. Il reste que nous retranchons sans cesse quelque chose à la réalité de l'autre pour nous plaindre ensuite que quelque chose nous manque. Oui, il manque quelque chose. Il manque notre présence au monde, à la réalité physique du monde, à sa riche et complexe beauté.

Le culte de Vénus

> *« Comment canaliser ma sexualité ? » me demandait André en cette fin de journée. Il était fourbu. Moi aussi j'étais fatigué, j'en étais à la dernière séance d'une longue semaine, mais la lumière qui baignait le bureau était chaude et confortable ; c'était un de ces soirs d'hiver où le soleil se couche trop tôt et où l'on se sent heureux d'être à l'intérieur. La relation amicale que j'ai avec André est confortable également. Nous nous connaissons depuis plusieurs années ; il a terminé sa thérapie mais nous nous rencontrons encore une fois par mois, histoire de prendre le pouls de sa vie. Sa question me prit par surprise, mais elle me plut, ne serait-ce que par le fait qu'elle était différente de mon menu quotidien.*
>
> *Il trouvait qu'il se masturbait trop quand il n'était pas en contact avec son amante, mais même leur relation lui paraissait insuffisante : il ne désirait sa partenaire que pour leur échange érotique. Il se sentait tellement coupable de tout cela qu'il parlait d'une façon réductrice de ses activités sexuelles comme d'un simple « besoin de se vider ».*

Je l'amenai à réfléchir sur sa façon de s'exprimer. Où était le plaisir dans tout cela ? N'éprouvait-il pas un certain plaisir à « se vider » ? N'y avait-il pas dans son acte quelque chose qui dépassait la décharge physiologique de tension ? « Assurément ! » me répondit-il ; il y avait ses propres fantasmes et il y avait la douceur de son amie, son affection. Alors pourquoi en parlait-il d'une façon tellement dépréciatrice, pourquoi se sentait-il si coupable ?

Je lui racontai l'histoire de Vénus-Aphrodite, déesse de l'amour et de la beauté, que les Grecs et les Romains avaient élevée au rang de divinité. Ses paroles ne trahissaient-elles pas le fait qu'il ne payait pas son dû à Vénus, qu'il la dégradait ? Ne traitait-il pas cette force vitale comme une déesse mineure qu'il prostituait dans les bas-fonds de sa psyché ? Une revalorisation de Vénus l'amènerait peut-être à laisser de côté sa culpabilité et à affirmer à sa maîtresse combien il appréciait les heures de douceur et de plaisir érotique passées en sa compagnie. Sa franchise risquait de lui apporter la désapprobation de son amie, mais, au moins, elle lui permettrait de mettre fin à cette division interne.

Pourquoi certaines relations ne seraient-elles pas de simples cultes à Aphrodite[6] ? Pourquoi les rapports dominés par l'érotisme devraient-ils toujours être vécus dans le silence ou la culpabilité ? Ne nous est-il pas possible d'assumer notre désir et notre sexualité ? Pourquoi y a-t-il encore un si grand malaise autour de cette force ? Pourquoi avons-nous tant de mal à la reconnaître comme une divinité, comme une force psychique à part entière ? L'acte sexuel ne dépasse-t-il pas toujours le simple « besoin de se vider » ?

Freud affirme que la sexualité au sens large, l'Éros, est la force qui nous relie au monde, qui nous oblige à sortir de nous-mêmes. Alors pourquoi ne pas la célébrer et l'entourer de poésie ? Notre civilisation est-elle si pauvre que notre culte de Vénus doive nécessairement se résumer à la pornographie ? Il existe pourtant des sociétés où la sexualité est parvenue à se faire accepter dans sa noblesse. Le Káma Sútra cultive l'art des positions érotiques comme pont vers l'union avec Dieu. Les temples indiens exhibent explicitement les amours des dieux et des déesses. Les images érotiques japonaises témoignent de la haute valeur accordée à l'acte sexuel dans ce pays. Jusqu'au « Chant de Salomon », dans la Bible, qui célèbre en termes peu équivoques les amours humaines.

Quand nous refusons un temple à Vénus, nous demeurons prisonniers de l'aspect littéral de la sexualité. Le sexe devient du « cul » et ne permet plus l'exaltation de l'âme au contact de la beauté. Mahomet n'affirmait-il pas que le meilleur moment pour prier était celui qui suivait l'amour ? Alors, disait-il, le cœur se trouve totalement ouvert à la divinité.

6. Le livre de Benoîte Groulx, *Les Vaisseaux du cœur*, raconte justement une telle passion érotique entre un homme et une femme de classes différentes, qui se poursuit sur plus de quarante ans.

Les Grecs croyaient pour leur part que si quelqu'un souffrait d'une obsession sexuelle, ce n'était pas au dieu Apollon qu'il devait s'adresser pour l'aider à se discipliner, mais plutôt à la déesse de la sexualité elle-même. Les maladies survenaient parce qu'un individu manquait de respect à une divinité. Vu sous cet angle, une obsession sexuelle serait due au fait qu'une personne n'accorde pas assez de valeur à cette force naturelle, et non pas au fait qu'elle lui en accorde trop. Lorsqu'elles sont refoulées, les puissances méprisées deviennent souterraines et, du tréfonds de l'inconscient, exercent une fascination irrésistible sur la conscience. Le chemin de la guérison passe par l'acceptation profonde de l'être sexuel et non par sa répression ou par une illusoire tentative de contrôle.

Plutôt que de diminuer l'importance de la sexualité, il faut l'amplifier pour la comprendre. Refuser Aphrodite signifie s'amputer de toute notre capacité de relation au monde et à sa merveilleuse beauté. À l'inverse, la saluer permet une érotisation de tout notre rapport à l'univers, une ouverture des sens et de la sensualité, non pas dans la perspective d'un auto-érotisme, mais plutôt dans celle d'une vivification qui donne l'envie d'être en relation.

Une société qui n'a pas le culte du sexe et de la Beauté, une société qui ne reconnaît pas leurs aspects divins ne se condamne-t-elle pas au fléau de la pornographie ? N'est-ce pas là la vengeance sourde de la déesse offensée qui réclame de nous plus d'intimité ?

Aphrodite remet en cause une société encore questionnée par l'intimité sexuelle ; une société que n'est pas prête à considérer la sexualité comme un élément à part entière, sans doute en raison de la liberté qu'elle suppose. La sexualité authentique, intimiste, demeure l'inconnue de toute structure organisée, de l'église au couple.

« Si le sexe joue un rôle si important dans nos vies, c'est parce que c'est peut-être la seule expérience profonde et directe (*first-hand*) que nous ayons. Sur les plans intellectuel et affectif, nous nous conformons, imitons, suivons, obéissons. La peine existe dans toutes nos relations, excepté dans l'acte sexuel. C'est parce que cet acte est si différent et si beau que nous en devenons dépendants, et qu'il devient ainsi un esclavage[7]. »

L'inceste émotif entre mère et fils

Lors d'une conférence, le psychanalyste Julien Bigras mentionnait qu'une étude très rigoureuse, portant sur plus de cent familles aux États-Unis, démontrait qu'il n'y a pas de cas d'inceste dans celles où il y a une grande proximité corporelle et physique entre parents et enfants lorsque ces derniers sont en bas âge. Qu'un père prenne son bain avec sa petite fille ou son petit garçon de trois ou quatre ans est de plus en plus accepté, et c'est tant mieux. Dans ce genre de comportements réside une bonne prévention de l'inceste parce que, dans le contact physique, besoin d'affection et curiosité s'assouvissent.

Si ce contact n'a pas lieu, les besoins inassouvis se réfugient totalement du côté de la sexualité. L'acte sexuel devient trop « chargé » et les touchers deviennent tous équivoques. C'est un cercle vicieux : plus nous avons besoin d'affection et plus nous éprouvons du désir sexuel, parce que c'est le seul chemin vers l'affection que nous connaissions. Nous avons libéré la sexualité, il nous reste à libérer le toucher, le geste, les marques d'affection physique entre femmes, entre hommes, entre hommes et femmes, entre parents et enfants. Nous avons à créer un monde moins divisé sexuellement, où la volupté et la tendresse, ainsi que le plaisir partagé du désir réciproque, auront droit de cité.

J'étais plongé dans ces pensées lorsqu'un proche me raconta le rêve suivant. Il met en relief un phénomène qui se trouve occulté par notre dénonciation active de l'inceste père-fille : l'inceste émotif entre mère et fils. Mon ami avait intitulé son rêve : *Le monde noir.*

« Je me trouve au-dessus de la cour arrière de la maison de mon enfance. Je me réveille dans un monde complètement lisse, comme

7. KRISHNAMURTI, J., dans *The Second Krishnamurti Reader,* publié sous la direction de Mary Lutyens, Penguin Books, 1973, p. 239. (Traduction de l'auteur.)

sur une scène de théâtre qui serait recouverte d'un matelas de gymnastique. Tout est noir et sans aspérité ; il règne une lumière égale, genre demi-jour. C'est très confortable, très moelleux. En plein centre de ce plateau, couchée par terre, il y a une amie. Elle est vêtue de blanc et sa blouse déboutonnée laisse voir ses seins généreux. Elle veut faire l'amour. Je m'avance et me couche à demi sur elle, mais je sens une présence derrière mon dos. Je me retourne. Ma mère se tient dans l'encadrement d'une porte, vêtue de blanc. Elle porte une robe de laine très moulante, ouverte sur les côtés, une robe de prostituée. Ma mère, très plantureuse, avec de gros seins, est lumineuse. Elle me parle sur un ton passionné. Elle est contente de me voir, moi son fils, et elle m'adresse un hymne d'amour : "Ô mon fils ! Comme je suis contente de te voir ! Comme je te désire, comme je désire ton sexe, tes fesses, ton pénis ! Comme je te désire, mon fils !" Elle m'invite à faire l'amour. Je la regarde dans le cadre de la porte et j'ai peur. Je suis profondément secoué par le désir intense qu'elle ressent à mon égard et je comprends, à ce moment-là, que ce qui m'a toujours fait peur chez les femmes est précisément cette force symbolisée par la puissance du désir de ma mère envers moi. Je me réveille. »

Ce rêve fut pour l'homme qui le fit une libération, un événement marquant. C'est tout l'aspect inconscient de son rapport avec sa mère qui ressortait là, toute l'envie, tout le désir qu'elle avait de lui et qu'il avait toujours pressenti. Comme cela lui aurait fait du bien, adolescent, de savoir qu'il n'était pas le seul à porter le désir, que les femmes aussi avaient des désirs. Combien de gaucheries et de culpabilités dans ses rapports ultérieurs avec les femmes cela lui aurait-il évité. Plus cet aspect charnel est tu dans le contexte familial, plus il provoque chez les fils des craintes et des curiosités qui dépassent les bornes. C'est le désir non avoué, inconscient, qui devient terrible et dévorant.

Cependant, si le corps doit exister au sein de la famille, il va de soi que les parents doivent contenir leurs propres désirs. Lors de la puberté du garçon ou de la fille, les parents doivent respecter la barrière de l'inceste et s'interdire tout geste équivoque. Sinon ils obligent l'enfant à lever lui-même cette barrière. Celui-ci se construit alors une carapace très forte pour se protéger, mais cette carapace l'isole et l'empêche de sentir ses propres désirs. Il se sent coupable d'en avoir et les étouffe, de peur de provoquer le père ou la mère et de perdre ainsi son intégrité.

Je reviens au film *Casanova* de Fellini. On y trouve des hommes qui doivent faire l'amour à une femme énorme qui a du feu à l'intérieur du vagin. Ce feu représente le désir éveillé de la femme. En dernière analyse, c'est de ce feu que les hommes ont le plus peur.

J'en veux pour exemple les dires d'Aline, qui eut à subir pendant un mois les plaintes de son compagnon concernant son manque d'appétit sexuel. Elle fut pourtant fort surprise de le voir se réfugier sur le divan du salon, sous prétexte de stress au travail, lorsqu'elle voulut faire l'amour deux soirs de suite ! Quand c'est elle qui désire, il a peur, il préfère tondre le gazon ou s'occuper de la maison.

Pour les hommes, le corps de la femme est fascinant, l'a toujours été et le sera toujours. La raison en est simple : nous sortons de là. Nous sommes issus de ce sexe-là. Toutes les peurs dont je parle, tous ces détours et ces dérivés pour tenir la femme à distance sont au fond compréhensibles... celle qui nous a donné la vie ne peut-elle pas nous la reprendre ?

Le couple intime

Il n'y a jamais eu d'intimité entre les sexes

Jan Bauer, analyste jungienne, croit que nous devons aborder cette question sous un autre angle car, à bien y penser, dit-elle, il n'y a jamais eu d'intimité réelle entre les sexes avant aujourd'hui. Quelle évidence ! L'intimité est, de fait, une toute nouvelle demande que nous adressons au couple, une exigence moderne. Jusqu'au siècle dernier, les mariages étaient souvent arrangés par les familles, et même nos parents, s'ils s'étaient mariés par amour, restaient souvent ensemble par devoir. Ils assumaient leurs fonctions et leur rôle, souvent au détriment de leur bonheur personnel. D'autre part, la division stricte des sexes en rapport avec le sport, l'éducation et la religion a toujours existé. L'intimité n'est pas une peur moderne mais un nouvel enjeu, une nouvelle tâche. D'ailleurs, dans les grands mythes romantiques, tels Roméo et Juliette ou Tristan et Yseult, les héros meurent jeunes ! Il s'agit sans doute là d'un commentaire du Moyen Âge sur les chances de survie de l'intimité amoureuse…

De plus, même chez les êtres de même sexe, l'intimité n'est pas monnaie courante. Chez les femmes, plus vouées à l'intériorité, il y a peut-être un plus grand partage. Mais les hommes, quand ils sont ensemble, ne parlent pas d'eux-mêmes. Ils « font » des choses ensemble, ou ils parlent de ce qu'ils ont réussi à faire. Ils n'expriment presque jamais ce qu'ils ressentent. Même dans les grandes amitiés, il existe des tabous. En général, il ne faut pas trop s'apitoyer sur son propre sort.

Au fond, il n'existe pas d'intimité entre les sexes, ni chez les gens d'un même sexe, parce que la plupart des êtres n'ont pas d'intimité avec eux-mêmes, c'est-à-dire qu'ils n'ont pas de « rapport vivant » avec ce qui se passe en eux-mêmes.

La langue d'amour

En ce qui concerne l'intimité entre les sexes, Annie Leclerc nous rappelle bellement : « La langue d'Éros ne fonde pas l'inimitié des sexes mais leur différence[8] ». Elle nous montre que la différence sexuelle prend son sens en dehors du partage contingent des pouvoirs entre hommes et femmes, elle prend son sens dans la langue d'Amour : « À tout homme, Éros dicte son destin d'homme : tu devras conquérir

8. LECLERC, Annie, *Hommes et femmes*, coll. Le Livre de Poche, n° 6150, Grasset, Paris, 1985, p. 69.

l'amour d'une femme. À toute femme, Éros dicte son destin de femme : tu devras nourrir l'amour en ton sein et le garder. Ce ne sont ni eux, ni elles, qui ont inventé ça. C'est Éros, c'est leur commune religion[9]. »

Annie Leclerc interprète le besoin d'édification et de maîtrise de l'homme non pas comme une tentative d'exploitation de la femme, mais plutôt comme une entreprise dont le but ultime est de se faire aimer d'elle. Elle ne rehausse pas l'image féminine en militant pour de nouveaux pouvoirs, bien qu'elle en voie la nécessité, mais en lui redonnant celui qu'elle détient depuis toujours, son pouvoir sur l'amour.

Sa parole est rafraîchissante, et j'y ajouterais les réflexions suivantes : tant que nous demeurons dans la langue du pouvoir, n'est-il pas vrai que la différence entre les sexes devient intolérable, parce qu'elle fonde alors les injustices qui ont été faites aux femmes ? Et n'est-il pas vrai que, nous, hommes, avons fini par penser que le pouvoir était notre but ultime dans cette histoire humaine pourtant commencée dans la complémentarité ? Nous avons méprisé Éros, méprisé l'intimité amoureuse et notre propre besoin d'elle, oubliant que nos entreprises perdent leur sens lorsque ce n'est pas vers la femme que vont nos vœux.

Sous cet angle, l'accès des femmes à la contraception marque une étape fondamentale et irréversible dans notre histoire. Elle vient débusquer l'abus masculin et nous en délivrer, pour notre bien à tous. Pour la première fois, elle permet à l'humanité d'explorer ce qu'elle est au-delà des diktats traditionnels de la séparation des sexes. La femme peut maintenant montrer à l'homme qu'il n'a pas le monopole sur le monde extérieur. Et, à présent, c'est à lui de prouver qu'il n'est pas démuni lorsqu'il se trouve sur son terrain traditionnel à elle, qu'il est capable de sentiments et de domesticité, qu'il est capable d'intériorité.

Pourtant, confondre cette rééquilibration du partage des pouvoirs avec un futur unisexuel pour l'humanité me semble grossier : bien que d'une importance capitale, l'androgynie ne saurait représenter autre chose qu'un but symbolique. La langue d'Amour donne sa plénitude à

9. *Ibid.*, p. 39.

la vie, et elle commence, elle est rendue possible par la différence sexuelle. Cette différence ne signifie pas « l'inégalité », elle fonde en fait notre recherche du partage. Car « il n'y a qu'une langue d'Éros et c'est bien ainsi que tous l'entendent. Amour est pour tous le bien ultime, et il ne se peut souverainement que dans la réciprocité[10] ».

L'exemple suivant illustre bien le tourment que peut causer, dans un couple moderne, une conception de la différence entre hommes et femmes signifiant automatiquement l'exploitation d'un sexe par l'autre.

Éva vient me voir après de nombreux mois d'absence. Depuis notre dernière rencontre, elle est parvenue à quitter la relation qui l'accablait pour s'établir avec un homme de dix ans son aîné, un homme qui l'aime et qu'elle aime. Elle vient me consulter parce que, enceinte de deux mois, elle hésite à garder l'enfant. Son argumentation va comme suit : cette grossesse signifie qu'elle devra arrêter de travailler pendant un certain temps. Or, il est très important pour elle de gagner son propre argent pour ne pas, dit-elle, que son ami prenne du « pouvoir » dans la relation. Elle craint de devenir dépendante de lui ; à cette idée, elle se sent tomber dans un véritable gouffre.

L'histoire se corse au moment où elle apprend à son partenaire qu'il va être père. La nouvelle le transporte de joie ; il est content et fier et, malgré ses doutes antérieurs, accepte de se marier. Il propose à Éva d'arrêter de travailler ; il s'occupera seul de gagner l'argent pendant les deux années qui vont suivre.

Au lieu de la réjouir, cette perspective la mortifie. Au lieu d'y voir une offre bienveillante, elle y voit un traquenard dans lequel elle ne veut pas se faire prendre. Elle a vu sa propre mère battue et abusée par un mari toujours absent. Il contrôlait toutes les dépenses de la maison et lui faisait porter, seule, la responsabilité d'éduquer les enfants. Éva n'arrive pas à se détacher de cette

10. *Ibid.*, p. 63.

vision du passé. Elle croit que les hommes sont tous des exploiteurs potentiels. Finalement, elle se fera avorter dans la seizième semaine de sa grossesse.

Je me souviens d'une image marquante dans l'un de ses rêves: un bœuf était crucifié vivant au mur d'une étable. Cette image préfigurait sans doute l'avortement, mais elle symbolisait aussi pour Éva le sacrifice de sa propre nature animale. Voilà où le bât blesse quand nous faisons l'équation « différence des rôles égale inégalité des sexes, égale exploitation des femmes par les hommes ». Il faut ajouter cependant, à la décharge d'Éva, que ses antécédents familiaux expliquaient sa forte réaction.

Quand nous regardons tout sous l'angle du pouvoir, nous nous faisons mal. Nous n'arrivons plus à comprendre un modèle aussi profond et naturel que celui qui pousse un homme à devenir protecteur, chasseur et pourvoyeur à l'idée qu'il va devenir père. C'est pourtant ce réflexe archaïque qui a permis la survie de notre espèce. Il y a lieu sans doute de questionner ce réflexe, mais comment survivrons-nous si nous nous mettons à refuser tous nos enthousiasmes instinctifs ? Notre nature animale, forgée par des millénaires d'évolution, possède sa propre sagesse ; elle ne peut suivre la vitesse de nos raisonnements. C'est elle qui, du tréfonds des âges demande, aujourd'hui, à être entendue dans la langue d'Éros.

Si Éva avait pu concevoir qu'elle ne sacrifiait pas sa vie professionnelle pour son mari, mais plutôt pour leur relation, elle serait parvenue à sortir de la problématique du pouvoir. Lorsque le couple envisage consciemment l'existence d'un tiers partenaire qui représente leur union, il se dégage des luttes intestines. Une telle attitude a l'avantage de rendre les conflits moins subjectifs et de permettre un terrain d'entente. La relation peut devenir une entreprise commune qui réclame, comme toute entreprise, ses enthousiasmes et ses sacrifices. Alors, les deux protagonistes ne sont plus au service l'un de l'autre, mais au service de leur union.

S'abandonner

Le problème fondamental de l'intimité semble être la difficulté de s'abandonner et de faire confiance à l'autre. En fait, non seulement de s'abandonner à l'autre, mais de demeurer en contact avec soi-même tout en étant en rapport avec l'autre.

Dans l'intimité sexuelle, les hommes veulent souvent donner du plaisir à leurs partenaires ou en recevoir. Ils veulent agir. Mais pour donner du plaisir à l'autre et pour en recevoir, il faut être dans le plaisir soi-même. Ne s'agit-il pas d'être, avec l'autre, dans le plaisir ? D'habiter le plaisir ensemble, de le partager ? Le plaisir n'est-il pas une contrée qui se traverse à deux ?

Pour sortir de l'impuissance, qu'elle soit sexuelle, physique ou sentimentale, il faut prendre le risque d'être en rapport avec son propre désir et avec son propre plaisir sous le regard de l'autre. Le jeu peut naître entre les partenaires quand il y a cet abandon. Alors, l'intimité attendue, cette participation aimante de l'un à l'autre, cet accompagnement mutuel peut voir le jour.

Nos différences peuvent donner lieu aux violences et aux abus de pouvoir les plus insensés. Mais elles peuvent aussi servir de nourriture à l'amour. À la limite, le masculin et le féminin sont uniquement des façons différentes d'appréhender la réalité, une « objectivité » de la nature à laquelle il est bon de se plier. L'attirance, le désir exigent que je ne sois jamais tout à fait pareil à toi, femme, pour que nous puissions, dans l'amour, abolir nos différences. Pour que nous puissions nous perdre et nous reconnaître l'un dans l'autre, dans notre continuité profonde ; là où il n'y a plus ni soumis ni soumise, là où, pendant de courts moments, règnent la liberté et la grâce d'être soi-même, ensemble. Alors nous sommes « liés par ce qu'il y a de plus profond », enfin délivrés, ne sachant plus où l'un commence et où l'autre finit. Nous voici enfin devenus intimes.

CHAPITRE QUATRE

L'agressivité réprimée

Jean-de-Fer

Les fils manqués, faute d'être en contact avec leur force profonde, ont peur de l'intimité. Cette force prend racine dans l'énergie primitive et dans l'agressivité naturelle. La présence du père a justement pour fonction de permettre au fils l'accès à cette agressivité. Quand le père est manquant, le fils ne peut accéder à l'impulsivité propre à son sexe. Il subira les interdictions de sa mère, qui tolère mal ses manifestations de sauvagerie instinctive.

En effet, l'amour maternel conduit souvent une mère à exiger de son fils qu'il soit poli et réservé, qu'il n'élève pas le ton et qu'il ne claque pas la porte. C'est sa manière à elle de le garder. Paradoxalement, l'animus de la mère s'ingénie à briser la masculinité du fils au moyen de gestes et d'arguments souvent violents. Et si la spontanéité physique du fils n'est jamais permise, elle se transformera peu à peu en hostilité envers la femme, empêchant ainsi l'intimité.

Une fable contemporaine

Il existe une fable rapportée par les Frères Grimm qui résume à merveille les propos sur l'agressivité que je tiendrai plus loin. Elle s'intitule *Jean-de-Fer*. L'honneur de l'avoir interprétée dans le contexte de la masculinité contemporaine revient au poète américain Robert Bly[1]. Voici le résumé du conte :

> *Les chasseurs du roi disparaissent un à un quand ils s'aventurent dans une partie très éloignée de la forêt. Les disparitions demeurent mystérieuses. Un jour, un jeune homme se présente à la cour du roi, en quête d'emploi. On lui explique le dilemme. Le jeune héros décide alors de partir seul, avec son chien, afin de découvrir la vérité sur les disparitions.*
>
> *Au moment où il passe près d'un étang, une main en surgit, attrape son chien et l'entraîne dans les profondeurs. Le chasseur ne peut se résoudre à une telle perte : il fait vider l'étang, à l'aide de seaux, par les serviteurs du roi. Tout au fond, il découvre un homme immense, l'air sauvage et primitif. Ses cheveux lui vont jusqu'aux pieds. En raison de leur couleur « rouille », on le surnomme « Jean-de-Fer ».*
>
> *Le roi récompense le jeune chasseur et fait mettre Jean-de-Fer en cage. Il installe cette dernière dans la cour intérieure du château. Quelques jours plus tard, le jeune fils du roi, âgé de huit ans, perd sa balle dorée en jouant ; celle-ci roule jusque dans la cage de l'homme sauvage. Bien entendu, Jean-de-Fer refuse de rendre la balle au garçonnet et lui propose un marché : il rendra à l'enfant son jouet préféré à condition que ce dernier lui procure la clé de la cage.*
>
> *Mais où est cette clé ? Jean-de-Fer dit au fils du roi qu'elle se trouve « sous l'oreiller de sa mère » ! Le jeune garçon profite*

1. BLY, Robert, « What Men Really Want, A New Age Interview with Robert Bly by Keith Thompson », dans *New Age Journal*, mai 1982, p. 31-51.

de l'absence de ses parents pour dérober la clé. Il libère Jean-de-Fer qui s'apprête à retourner sur-le-champ dans la forêt. Craignant d'être puni par ses parents, l'enfant supplie Jean-de-Fer de l'emmener avec lui. L'homme sauvage accepte, mais il le prévient : « Tu ne reverras plus jamais tes parents ! » Puis il le prend sur ses épaules et tous deux disparaissent dans les bois.

L'homme primitif dort sous l'oreiller de la mère

Jean-de-Fer symbolise l'homme sauvage et primitif que l'on a refoulé dans l'inconscient. C'est d'ailleurs pourquoi on le découvre au fond d'un étang, dans une partie retirée de la forêt. Ses cheveux, comme ceux de Samson, représentent la force vitale et instinctive, celle qui est en rapport avec l'agressivité, le sexe et l'énergie brute. La vie civilisée du royaume n'a pas de place pour ce masculin des profondeurs, et elle le met en cage.

La balle dorée du fils du roi représente la personnalité en devenir, potentiellement ronde et pleine. Mais, pour pouvoir devenir globale, la personnalité du jeune garçon doit entrer en contact avec l'énergie primitive. Voilà pourquoi la balle dorée roule jusque dans la cage de Jean-de-Fer.

Le fait que la clé de la cage se trouve sous l'oreiller de la mère est sans doute le détail le plus remarquable du conte. La masculinité instinctive du fils est contrôlée par la mère ! C'est manifestement ce qui arrive lorsque le père ne trouve pas de meilleure solution à son propre problème d'identité que de mettre l'homme sauvage en cage.

Finalement, lorsque le jeune homme décide de partir avec Jean-de-Fer, il quitte pour toujours le monde familial. Jean-de-Fer l'initiera à sa force vitale afin qu'il ne soit plus jamais un fils à maman, ni un fils à papa.

Il faut que ça sorte

La différence entre le corps féminin et le corps masculin nous fournit une métaphore à partir de laquelle nous pouvons réfléchir sur les particularités psychologiques de chacun des sexes.

Hommes et femmes

Ainsi, l'homme possède un sexe extérieur qui bande, pénètre, éjacule. Dès l'adolescence, en raison de la production massive de testostérone, son système hormonal est jusqu'à cent soixante fois plus rapide que celui de la femme; cela signifie qu'il aura plus de tendances agressives. Sur le plan psychologique, les conséquences de ces réalités biologiques pourraient être que ses impulsions à la décharge de tension au moyen d'un geste ou d'une décision s'en trouveront renforcées. Et parce que son système est pour ainsi dire trop chaud, trop actif, il se trouvera dans la nécessité de maîtriser ses pulsions en cultivant un certain détachement, une certaine «froideur» afin de ne pas être soumis trop souvent à des bouleversements d'équilibre.

De son côté, la femme possède un sexe intérieur qui reçoit et qui est humide; un germe peut s'y développer. De plus, en raison de ses menstruations, qui suivent un cycle naturel, la femme se trouve plus près du monde organique. Sur le plan psychologique, nous pouvons imaginer que l'intériorité, l'univers des rapports intimes, les relations avec autrui sous forme d'amour auront tendance à prévaloir chez elle. Chez la femme, le sens de la réflexion l'emportera sur l'impulsion à l'action, autrement dit l'«être» comptera plus que le «faire».

Bien entendu, il ne peut s'agir ici que de tendances générales: à partir de son identité de base, chaque individu se trouvera mélangé à l'autre polarité. Nous pouvons donc imaginer que développer sa masculinité signifiera pour une femme le développement de son esprit d'initiative et de sa capacité de trancher dans ce qui semble organiquement lié et naturel. L'intériorisation diminuera donc au profit de l'action et des risques.

Dans le même ordre d'idée, intégrer sa féminité signifiera pour un homme le développement d'une capacité d'intérioriser et de recevoir : réfléchir avant d'agir. Cela signifiera une mise en perspective du « faire » au profit du monde de l'« être pour le simple plaisir d'être », une capacité de goûter aux cycles naturels, aux plaisirs des relations, et de réaliser – ô surprise – qu'il a un corps.

Faire circuler l'adrénaline

J'ai été étonné, il y a quelques années, par une réponse que le chanteur Jacques Brel a donnée à la journaliste Lise Payette qui le questionnait sur sa manière d'utiliser le temps depuis qu'il ne chantait plus. Il avait répondu, avec le plus grand sérieux du monde : « J'essaie de me fatiguer ! » Regardez de jeunes adolescents mâles jouer entre eux, vous serez surpris de la violence de leurs ébats ; ils essaient eux aussi de s'épuiser. Leurs parents ne sont-ils pas constamment surpris de la violence des films qu'ils aiment ? Ces attitudes ne sont pas uniquement provoquées par une tendresse qui ne peut s'exprimer autrement que par les coups ; il y a en elles le besoin de faire circuler l'adrénaline, de la faire sortir du système. Et c'est ce même besoin qui semble expliquer, chez les hommes, cette impétuosité, cette force d'affirmation, ce besoin de se battre et de « forcer contre quelque chose » pour parvenir à s'épuiser et arriver ainsi à connaître un peu de paix et de tranquillité.

S'il y a une chose que les femmes ont de la difficulté à saisir à propos des hommes, c'est bien tout le plaisir qu'ils éprouvent à se livrer à la compétition, à « s'écœurer », à se « tapocher », à se faire mal ; ou encore les besoins violents de « baiser » qui s'emparent d'eux et qui semblent détachés de tout cadre relationnel. Qu'il s'agisse d'efforts physiques ou intellectuels, il semble que les hommes aient un plaisir féroce à se mesurer. *Il faut que ça sorte !*

Il y a donc quelque chose d'agressif dans le système de l'homme, quelque chose d'impulsif, qui l'agresse lui-même et auquel il ne peut échapper. À condition bien sûr de concevoir ici le mot agressivité dans un sens non péjoratif, comme une énergie qui pourrait mener à une affirmation dosée et bien adaptée, comme on parle d'une énergie sexuelle.

Nous pourrions même nous demander si la terrible réalité qui se cache derrière tout cela n'est pas que les hommes aiment secrètement la guerre ; si ce n'est pas dans le combat qu'ils éprouvent une intensité de vie qu'ils ne trouvent nulle part ailleurs. Pour leur part, les femmes trouvent cette intensité dans la capacité de porter et de mettre un enfant au monde. Homme ou femme, on dirait que rien ne rend la vie plus précieuse et plus intense que le fait de risquer de la perdre.

J'ai assisté, il y a quelques années, à un défilé de vétérans du Vietnam dans une petite ville des États-Unis. J'ai été surpris par l'enthousiasme que des gars de mon âge manifestaient à la vue du drapeau de leur régiment, à tel point que j'ai cru, par moments, qu'ils se moquaient des militaires ! Mais les amis américains qui m'accompagnaient m'assurèrent du contraire : ces hommes avaient adoré la guerre.

Dans son livre *Manhood,* le psychanalyste Stephen Shapiro écrit que, dans les formations traditionnelles des hommes, l'importance accordée à la discipline, à la maîtrise de soi, au courage et au patriotisme se rapporte à la violence intérieure que chaque homme porte secrètement en lui-même, violence qu'il doit apprendre à maîtriser pour l'utiliser au service de la communauté.

Le refoulement de l'agressivité

Lorsque des parents trop autoritaires ne peuvent tolérer la colère d'un enfant ou l'expression de son agressivité, le fils refoule ce dynamisme brut. Comme cette énergie devra sortir d'une façon ou d'une autre, elle empruntera alors quelques-uns des canaux suivants :

1. *L'agressivité est retournée vers l'intérieur et devient haine de soi.* Ce mépris de soi s'exprimera sous forme de sentiments de culpabilité que l'individu ruminera sans relâche, de pensées lugubres qu'il entretiendra, de sarcasmes dépréciateurs qu'il dirigera contre lui-même et d'actes compulsifs (tels que manger, se ronger les

ongles, se laver et se blesser sans cesse) qu'il accomplira de façon irréfléchie. Il pourra aussi sombrer dans une dépression chronique.

2. *L'agressivité refoulée se trouve un bouc émissaire*. Il s'agit généralement d'une personne plus faible que lui, ou encore d'un groupe social considéré comme « inférieur » (par exemple, une minorité raciale, ou les homosexuels). Bien souvent, c'est le parent dominant du couple qui sélectionnera le bouc émissaire en question. En fait, les préjugés du fils s'avèrent souvent être les mêmes que ceux du père.
3. *L'agressivité réprimée peut être transformée en culte de l'oppresseur.* Au sein même de la famille, le parent tyrannique peut être perçu comme « merveilleux », et son autorité comme infaillible. Il devient alors un objet d'admiration : « Papa a toujours raison. » Sur le plan collectif, ce culte mène tout droit au fascisme, où les citoyens croient que le dictateur est au-dessus de toute critique.
4. *L'agressivité est érotisée*. Dans ce cas-ci, les deux pulsions réprimées, soit la sexualité et l'agressivité, se trouvent liées. Elles donnent lieu à des fantasmes et à des pratiques sadomasochistes. Le sadique adopte envers son partenaire le comportement du parent qui a brimé sa liberté, alors que le masochiste emprunte le comportement du parent qui s'est plié à la domination de l'autre ; il peut ainsi répéter son propre comportement de soumission.

Le dynamisme masculin

Je crois, pour ma part, que le dynamisme est l'un des fondements de l'identité masculine, en ce sens qu'un homme qui n'arrive pas à entrer en contact avec sa propre impétuosité ou qui n'a pas appris à la maîtriser ne se sent jamais « homme ». Je ne veux pas suggérer, et loin de là, que les femmes ne connaissent pas une telle impétuosité. Non, je veux plutôt dire que, chez les hommes, ce dynamisme semble participer à la fondation même de leur identité. Un homme doit accepter de se reconnaître dans le dieu Phallos, au pénis dressé, pour sentir la qualité d'énergie qui le différencie essentiellement de la femme.

Or, plusieurs hommes contemporains se retrouvent prisonniers de la situation suivante : le père manquant ne leur a favorisé ni le contact ni la maîtrise de l'agressivité naturelle ; ils ont plutôt appris à mépriser ce qui est masculin en eux, et ce sont les valeurs masculines manquantes, dont ils sont pour ainsi dire castrés, qui finissent par les entraîner dans la misère intérieure.

Qu'arrive-t-il quand une génération complète d'hommes se croit déchargée du problème de l'agressivité ? Ce problème ne disparaît pas, il devint inconscient ; Jean-de-Fer se retrouve au fond d'un étang dans une forêt éloignée. Le dynamisme inhérent à la masculinité que le moi conscient réprime se transforme en hostilité, en rage intérieure, parfois même en violence. Et sans cesse cette force d'affirmation mal employée, détournée de son but, viendra perturber l'individu dans son fonctionnement.

La colère rentrée

Un gangster paranoïaque

Voici quelques exemples. Le premier est celui d'Antoine, un étudiant dans la trentaine. Sa façon de marcher, les bras à quelques pouces du corps, m'a surpris de prime abord. On aurait dit qu'il voulait sans cesse se protéger. De plus, avant chaque séance, il me dévorait des yeux ; chaque fois, le rayon X de son regard me dérangeait subtilement. De quoi voulait-il donc s'assurer ?

Antoine a grandi dans un milieu familial froid. Son père, un homme d'affaires, avait été plus préoccupé par son entreprise que par ses enfants. À la puberté, Antoine entretenait une telle agressivité contre lui qu'il se crut pratiquement responsable d'une attaque cardiaque qui le terrassa. Pour sa part, la mère était totalement imprévisible dans ses humeurs : parfois chaleureuse et attentive, souvent froide et indifférente. Antoine avait ainsi appris à se tenir sur ses gardes et à être prêt à toute éventualité.

Le rythme de la thérapie était très lent; en fait, pendant longtemps, il se contenta de me raconter sans émotivité les petits événements de sa vie, en me demandant périodiquement si notre travail tirait à sa fin. Après plusieurs mois de ce train-train, il fit le rêve suivant:

> *« Je suis à l'épicerie du coin, cherchant un produit dans une allée. Tout à coup, un homme armé d'un fusil entre dans le magasin avec l'intention de commettre un vol. Il est sur ses gardes, tendu, rigide, et a des attitudes paranoïaques ; il a peur que quelqu'un ne l'oblige à utiliser son pistolet. Je me dis que je pourrais le mettre hors d'état de nuire en le frappant derrière le cou, mais que, ce faisant, je risque d'être blessé. Je décide d'être prudent et de ne rien faire. C'est alors que l'homme qui se trouve à côté de moi passe à l'action. Le voleur se retourne et l'abat. Mon amie entre alors à l'épicerie sans se rendre compte de ce qui se passe. Je veux la protéger. Je ne veux pas qu'elle agisse ou qu'elle tente de désarmer le voleur. Je lui fais signe de venir me trouver, et je me couche sur elle. »*

Lorsque je lui demandai ce que le voleur évoquait pour lui, Antoine affubla ce gangster de tous les défauts possibles; non seulement il était rigide et se conduisait comme un paranoïaque, mais il s'agissait sans aucun doute d'un psychopathe qui pouvait tuer froidement sans sourciller. Il était fier d'avoir sauvé sa peau en se retenant d'intervenir. Quand je lui suggérai que ce voleur pouvait être une partie de lui-même avec laquelle il avait perdu le contact, il protesta vivement. En effet, qui veut se retrouver sous les traits d'un tel psychopathe ? Il me dit que mon interprétation ne respectait pas son attitude dans le rêve: il avait fait ce qu'il y avait à faire et avait respecté les règles de son surmoi[2] ! Je lui expliquai que le problème était

2. L'influence de la mère ne représente que l'une des composantes du surmoi. Le surmoi est fait de la somme des restrictions morales et sociales que nous avons amassées en rapport avec nos parents, l'Église et l'éducation. Il peut être trop lourd et étouffer un individu lorsqu'il inhibe tous les désirs pulsionnels qui ne sont pas conformes avec ses diktats.

justement là : encore une fois il avait fait « ce qu'il y avait à faire » ; de fait, il se trouvait « identifié » à son surmoi d'une façon telle que sa spontanéité s'en trouvait totalement étouffée. Je lui demandai si son refus d'attaquer le voleur, de le toucher, de l'affronter ne symbolisait pas sa façon d'éviter de prendre contact avec sa propre hostilité. Il se retrouvait ainsi coupé de toute la force positive de l'agressivité. C'est pourquoi l'analyse stagnait.

Je lui expliquai également que sa façon inconsciente de vivre sa colère intérieure était de la projeter au dehors, sur les autres ; c'est pourquoi il se promenait dans la vie en étant toujours sur ses gardes, en scrutant profondément tout interlocuteur. En somme, le paranoïaque, c'était peut-être lui ! Les explosions d'agressivité qu'il craignait, en fait, lui appartenaient. La prise de conscience de sa violence refoulée était le seul moyen de sortir du système de surveillance paranoïde qui parasitait sa vie.

Je me référai également au moment du rêve où il se couche sur son amie ; au fond, il se protégeait en la protégeant. Il ne voulait pas qu'elle entre en contact avec son hostilité à lui, qu'elle la déclenche par son « activité » dans le rêve en tentant de neutraliser le voleur et, dans la réalité, par ses questions et ses intuitions susceptibles de le déranger. Or la situation du couple était problématique ; depuis deux ans, Antoine tenait sa partenaire sur la brèche, refusant tout aussi bien de vivre avec elle que de mettre un terme à leur relation. Je lui proposai donc d'intégrer le psychopathe pour avoir le courage soit de « tuer » la relation et de se séparer, soit de vaincre ses résistances pour s'engager à fond dans le couple.

Un tigre à la peau douce

Le second exemple que je vous propose est celui de Roger. Retraité, dans la soixantaine, il a eu une carrière très fructueuse. Il est très affable, et toujours souriant. Un détail révélateur attira immédiatement mon attention : sa manière de donner la main. Il me tendait la main ouverte en signe d'accueil, mais ne la refermait pas sur la mienne. Il ne se compromettait pas, il ne se donnait pas.

Il avait eu un père extrêmement autoritaire et exigeant qui le considérait comme un bon à rien. Ce père régnait en véritable tyran, tant sur ses enfants que sur sa femme soumise et dépressive. Un jour, elle avait abandonné Roger seul dans un magasin, oubliant tout simplement qu'elle l'y avait emmené avec elle. Pour survivre et ne plus être abandonné, Roger s'était construit une carapace affable et souriante. Il était venu en thérapie pour une question d'impuissance sexuelle. Voici un des tout premiers rêves qu'il me présenta.

> *« Je me trouve dans un camp dans les bois et je discute avec un collègue de ce qu'il y a lieu de faire pour nous défendre contre le tigre qui s'approche de notre campement. Mon collègue décide de sortir pour tenter de localiser le tigre. De mon côté, je choisis d'aller chercher une fourche au sous-sol, convaincu qu'on peut tenir un tigre à distance avec une fourche. Ce faisant, je jette un coup d'œil par la fenêtre et me rend compte que mon chien est complètement figé à la vue de quelque chose. Le tigre est là, beaucoup plus gros que prévu, bien bâti, bien nourri et doux au toucher. Il se dirige vers notre camp. Je me demande bien quoi faire. »*

La douceur de la peau du tigre évoquait pour le rêveur la douceur de la peau de sa femme. Tout comme à Antoine, j'expliquai à Roger qu'il tentait probablement de se défendre contre sa propre férocité, contre le tigre en lui, et qu'il projetait celui-ci sur sa femme, dont il craignait d'ailleurs les jugements négatifs. Quant à la position du chien figé, elle me faisait penser à ses difficultés d'érection. Je mis ces difficultés en rapport avec les sentiments hostiles et féroces que lui-même entretenait à l'égard de sa femme. Il avait peur d'être dévoré par elle, mais, en réalité, il avait peur d'être attaqué par sa propre violence intérieure.

Un même élément est présent dans le rêve précédent : les deux rêveurs ont peur d'être tués en étant mis en contact avec leur partie agressive. Et, en un sens, cela est légitime, car ni l'un ni l'autre ne peut entrer en contact avec son hostilité réprimée et s'en sortir indemne. Nous sommes ici en présence d'une vérité psychologique importante : en acceptant le rapport avec des dimensions inconscientes, la structure du moi va changer. Si l'on accepte de reconnaître le meurtrier en soi, ou la bête enragée, si l'on en fait une expérience émotive profonde, l'attitude consciente va se modifier, l'individu va « changer ». La triste vérité est que, tout en prônant le changement, nous le combattons de toutes nos forces, car il se présente souvent sous de sombres auspices. À ce propos, Marie-Louise von Franz a déclaré avec beaucoup d'esprit que, la plupart du temps, le « nouveau » entrait dans nos vies par le pied gauche ! (On se rappellera que l'adjectif latin *sinister* signifie « gauche » en français. Le renouvellement se présente donc souvent sous un jour sinistre.)

Un putois qui sent l'ail

Nous nous comportons en fait comme si les éléments de notre personnalité que nous refusons de reconnaître n'existaient plus. Nous disons que l'inconscient est vivant mais nous ne réalisons pas que cela signifie que l'émotion réprimée trouvera des canaux détournés pour s'exprimer. L'expérience de Paul illustre bien ce thème.

Paul avait quarante ans au moment de la thérapie. Il avait eu des parents relativement adéquats. Son père était fier de sa femme et travaillait beaucoup pour réussir dans sa carrière. Il était du type « bon garçon ». Sa femme venait d'un milieu confortable qui l'avait répudiée en raison de son choix amoureux. Cette famille de cinq individus, dont l'aventure a commencé dans la sérénité, allait connaître un destin tragique.

Quand Paul avait trois ans, la maison familiale fut complètement rasée par le feu. La famille sombra dans la pauvreté la plus extrême. Les parents et leurs trois enfants furent réduits à partager un appartement d'une seule pièce ; les parents dormaient sur le divan, le plus jeune sur la table, et les deux autres garçons sur des chaises alignées ! De plus, pendant la journée, la partie avant de la pièce servait au négoce du père.

L'aspect le plus tragique de cet événement fut que la mère connut alors une dépression terrible. Celle qui chantait naguère comme un pinson toute la journée, qui cousait et était fière de la propreté de ses garçons, se mit à tout négliger. Cela exigea de ses enfants des efforts d'adaptation extrêmes ; ils ne se reconnaissaient plus dans le miroir noir qu'elle leur présentait. L'année suivante, Paul fut envoyé dans un couvent de religieuses où l'on considérait que tous les moyens étaient bons pour discipliner les enfants. Lorsque sa mère ne venait pas le voir, les religieuses lui disaient que c'était parce qu'il n'était pas assez gentil ! Alors il refoula bien profondément toute velléité agressive, tut ses rages d'abandon et tenta de s'adapter à ce nouveau milieu hostile. Mais une partie de lui-même avait cessé de suivre la volonté du moi conscient.

Étant intelligent, il fit de bonnes études. Mais il rencontra d'énormes difficultés à s'adapter à son milieu de travail. Au cours de la thérapie, il perdit deux emplois majeurs. Il n'arrivait tout simplement pas à travailler. Sa blessure d'amour d'antan, la rage et le rejet ressentis alors faisaient qu'il recherchait désespérément, dans le monde du travail, une reconnaissance affective ; de cette façon, il s'attirait immanquablement des inimitiés. Pour pouvoir travailler, il avait besoin de sentir qu'on l'aimait, alors qu'on attendait de lui, avant de lui accorder confiance et estime, qu'il prouve sa compétence.

C'est par le biais d'un détail que j'avais toujours négligé depuis le début de nos séances que nous pûmes aborder la question de l'agressivité refoulée et de son expression détournée. Le fait est que, pendant une certaine phase de la thérapie, Paul sentait terriblement l'ail, au point que je devais ouvrir les fenêtres toutes grandes après nos rencontres pour me débarrasser de cette odeur incommodante. J'avais toujours évité de lui en parler et je bénissais le ciel d'avoir ma pause repas juste après nos séances ! Encore une fois ce fut un rêve qui vint purifier l'atmosphère.

> « *Je fais visiter mon appartement à une fille. Dans l'appartement, il y a une maman putois qui accroche ses petits aux vêtements de ceux qui passent. Les petits putois ont de véritables crochets sur le dos.* »

Enfin, j'avais la chance d'aborder le sujet délicat, mais j'étais loin de me douter de tout ce que cela déclencherait ! À ma grande surprise il constata, par lui-même, qu'il s'agissait là d'une façon d'imposer son pouvoir aux autres. Au travail, il voulait qu'on l'accepte même s'il ne travaillait pas ; dans la thérapie, il voulait que je l'accepte même s'il sentait l'ail. Cette question des mauvaises odeurs avait d'ailleurs une longue histoire. L'un des épisodes remontait à sa période hippie, où il avait pris plaisir à ne pas se laver, même si cela incommodait ses compagnons de commune. Il m'avoua aussi que son manque d'hygiène corporelle avait été une doléance importante de la femme qui l'avait quitté sept ans auparavant. Finalement, cela remontait jusqu'à la dépression de sa mère qui, du jour au lendemain, avait cessé de s'occuper de l'hygiène des enfants et de la propreté de la maisonnée.

Le comportement de Paul tenait lieu de protestation et exprimait sa rage d'avoir été négligé. Il était à la recherche de la personne qui l'aimerait « inconditionnellement ». Il refusait d'admettre que son enfance était terminée et que plus personne ne lui devait ce genre d'amour. Mais, du même coup, il se sentait coupable d'abuser des autres par son comportement. Il tentait donc de se faire pardonner en se montrant extrêmement serviable. Parfois, il en mettait presque sa vie en danger ; un jour, il accepta de prendre un colis chez une copine pour aller le porter à la poste en pleine tempête de neige, sans essuie-glaces, et avec des freins défectueux !

Nous voyons ici comment la rage intérieure et la colère peuvent se manifester de façon détournée quand le moi conscient leur a fermé la porte. C'est ainsi qu'un individu se condamne à devenir le jouet de ses forces intérieures, qui ne cessent d'intervenir d'une façon désagréable dans sa vie et finissent par bloquer son développement.

La rencontre de l'homme primitif

Quand l'agressivité nous « a »

Paul sent l'ail, Roger se confond en sourires et Antoine est toujours sur ses gardes. Et tous les trois ont peur que ça éclate ! Effectivement, ça éclate ; mais quand ce n'est pas trop dangereux. Ça éclate de façon déplacée, contre un objet, ou un garagiste, ou sous la forme d'odeur nauséabonde. Leurs histoires nous permettent de constater que la répression de l'énergie active n'est pas une solution. Qu'il le veuille ou non, chaque homme doit passer par la porte étroite de l'ombre qu'il porte intérieurement. Il doit aller se tremper dans son fond archaïque. Il doit libérer Jean-de-Fer. La prise de conscience de cette ombre me semble la seule solution possible pour amener un homme à la maîtrise de cette force potentielle qu'est l'agressivité. En effet, nous ne pouvons contrôler que ce que nous connaissons intimement, avec nos tripes, du plus profond de notre cœur. Voici une relation de Jung à ce sujet :

> *« Il est préférable d'admettre l'affect et de se soumettre à sa violence plutôt que de tenter de lui échapper au moyen de toutes sortes de trucs intellectuels ou de jugements de valeur. [...] La violence de l'affect doit pénétrer jusqu'au cœur de l'homme, et il doit succomber à son action. [...] Mais il devrait savoir [...] ce qui l'a affecté, car, de cette façon, il transforme en connaissance l'aspect aveugle de la violence de l'affect, d'une part, et la nature même de cet affect, d'autre part[3]. »*

3. JUNG, Carl Gustav, *Psychology and Religion : West and East*, Collected Works, n° 11, Bollingen Series XX, Princeton University Press, Princeton, N.J., 1956, para. 562.

Il faut que les hommes qui ont manqué de père et qui, par conséquent, ont refoulé leur agressivité commencent à apprivoiser l'homme primitif qu'ils portent en eux-mêmes. Ce que nous refusons en nous, ce à quoi nous refusons d'acquiescer finit par se présenter à nous de l'extérieur en épousant la forme de destins tragiques. Divorces, accidents d'auto, faillites commerciales, renvois... autant de violences qui nous sautent au visage lorsque nous refusons de voir qu'il s'agit d'une partie de nous-mêmes. C'est le malfaiteur en nous qui continue sa petite affaire, à sa manière, d'une façon bien autonome, pendant que nous exhibons nos larmes ou nos sourires.

Ce malfaiteur est en liberté dans l'inconscient parce que nous lui avons fermé la porte de notre conscience ; cette énergie a le pouvoir de nous posséder parce que nous la réprimons. Nous ne voulons pas être ce gangster ou ce tigre féroce ; nous avons du mal à comprendre que l'agressivité s'est pervertie parce que nous avons rejeté sa force au lieu de lui trouver un canal acceptable. Parce que nous refusons « d'avoir » de l'agressivité, c'est l'agressivité qui nous « a ». Alors, à propos de la moindre frustration, la brute reprend ses droits : violence verbale, violence physique, froideur extrême imposée à l'autre, idées suicidaires, etc. Freud parlait des pouvoirs du « ça ». Eh bien *ça* sort, *ça* s'exprime, grâce à nous ou malgré nous.

Mais, si les hommes doivent passer par la prise de conscience de leur agressivité, cette prise de conscience doit servir la prise en main et *la maîtrise de ce pouvoir*. Je n'encourage pas les hommes à être plus violents dans leurs comportements, je les encourage plutôt à accueillir cette énergie en eux pour être mieux dans leur peau. Prendre conscience de l'homme primitif qui sommeille est un passage nécessaire dans la quête d'un pouvoir personnel d'autonomie et d'affirmation, ainsi que dans l'acquisition d'une sécurité intérieure.

Ce n'est pas la prise de conscience de cette force qui mène à la violence, mais bien sa répression. La plupart des tueurs et des violeurs parlent d'impulsions auxquelles ils n'ont pas pu résister. Ils ont été, pour ainsi dire, attaqués de l'intérieur par leur propre violence. La plupart des violences conjugales naissent ainsi : l'impulsion qui pousse à frapper l'autre pour cacher une impuissance ou un désespoir vient comme l'éclair et s'empare de l'être tout entier pour le soumettre à sa force, d'une façon complètement irrationnelle. Le moi n'a pas pu contenir l'assaut des forces intérieures et l'individu est passé à l'acte pour se décharger de l'insoutenable tension. C'est la violence que l'on regarde, horrifié, le lendemain, et que l'on cache dans son inconscient jusqu'au prochain éclat de voix, jusqu'à la prochaine volée de coups.

Comment ouvrir la cage de Jean-de-Fer

Comment assainir l'agressivité qui s'est transformée en hostilité ou en rage intérieure ? Comment nettoyer ou laver cette énergie ? Comment produire une catharsis qui va permettre l'expression de la violence et des sentiments négatifs et autoriser du même coup la récupération des forces saines de l'agressivité ? Je crois qu'il s'agit de créer des lieux et des moments privilégiés de contact avec l'émotion réprimée ; qu'il s'agit de la contenir dans des formes symboliques ; qu'il s'agit d'aller, en fantasme, jusqu'au bout de l'intensité émotive pour qu'elle livre son jus et nous laisse entrevoir ce qui nous possède. Voici un exemple de ce que je veux dire :

> *Alex est un jeune homme au début de la vingtaine. Faux doux, il possède énormément d'agressivité refoulée, a des idées suicidaires et vit des histoires de couple très peu satisfaisantes. Ses plaintes se concentrent autour du personnage de la mère, « trop forte » à son avis. Je l'encourage de temps à autre à aller au bout de cette rage qu'il a contre elle. Il résiste, il résiste, puis un jour, il se laisse aller. Dans une joie mêlée de larmes, il se permet de franchir le tabou, de se laisser toucher par sa rage, et imagine alors le fantasme suivant : dans le sous-sol de la maison natale, il abat sa mère à coups de hache pour en piétiner ensuite les morceaux ensanglantés dans une sorte de danse jubilatoire.*

Pour lui, ce fut une expérience radicale. Il était enfin allé au bout de sa négativité. Il avait touché au sadique, au meurtrier en lui. Cette expérience l'apaisa. Peu à peu, les sentiments négatifs qui l'habitaient arrivèrent à s'exprimer dans la réalité sous forme de demandes adaptées. La haine qu'il nourrissait envers sa mère se transforma en estime pour ce qu'elle lui avait donné. Et, graduellement, il retrouva goût à la vie. Il avait appris une grande leçon, celle du passage « symbolique » à l'acte.

Pourquoi un tel passage fonctionne-t-il ? Il a fonctionné, chez Alex, parce que ses récriminations ne s'adressaient pas à la mère réelle, mais au complexe maternel. Or, un complexe est une entité psychique qui doit être combattue sur le terrain psychique. Le meurtre de la mère consistait en une séparation symbolique du fils d'avec sa mère intérieure. Pour l'accomplir, il avait dû se tremper dans ses forces agressives et en utiliser le potentiel positif. Tuer sa mère réelle ne lui aurait rien donné, sinon le privilège douteux de passer le reste de sa vie incarcéré.

Il existe, bien entendu, des rituels plus concrets que ceux de la violence imaginée. Les Africains du Ghana dansent en cercle autour d'un masque représentant le renégat violent. Ils affirment que chaque homme porte cette violence potentielle en lui-même, et ils l'exorcisent en dansant jour et nuit au son des tambours. J'ai dirigé dernièrement un atelier d'une journée dans la nature avec un groupe d'hommes. Je les ai amenés à se dépasser physiquement, à s'épuiser, les aidant ainsi à retrouver leur spontanéité physique, à laisser tomber leurs conditionnements et leur contrôle perpétuel pour reprendre contact avec l'homme tribal, l'homme organique.

Pour transformer l'agressivité en connaissance de soi, il s'agit donc de « consentir au monde fantasmatique », de recevoir sans juger ce qui se trame en soi. Ceci constitue le premier pas vers l'intimité. Ces rêves éveillés, ces imaginations actives, à la condition qu'ils soient vécus intensément et de façon émotive, deviennent de véritables expériences psychiques, de véritables « événements » dans la vie d'un individu. Ils annihilent les chances de « passages à l'acte » aveugles. La rencontre de cette ombre donne du poids à l'homme, le définit. Le fait d'éprouver pleinement des sentiments l'enracine dans la réalité du monde et de sa violence. L'ombre le met en face d'un choix, d'un devoir vis-à-vis de son hostilité réprimée : maintenant qu'il sait jusqu'où ça va, jusqu'où ça peut aller, il en est responsable.

Un homme n'est pas un homme tant que...

Au fond, le terrible mystère est là : un homme n'est pas un homme tant qu'il n'a pas touché à son énergie brute et sauvage, tant qu'il n'a pas touché aussi bien au plaisir de se battre qu'à sa capacité de se défendre. La rage aveugle peut alors se transformer en pouvoir de s'engager, de tolérer des tensions et de trancher des questions ; la capacité de mettre à distance peut devenir un pouvoir de discernement ; un nouveau goût d'explorer voit le jour. Un sentiment de sécurité interne se développe : on sait que, quelle que soit la situation, si ça tourne mal, une énergie en nous, une ressource fondamentale fondée dans l'agressivité pourra nous aider à en sortir.

Toucher au pouvoir de Jean-de-Fer, le dynamisme masculin, et maîtriser ce pouvoir est ce qui permet à un homme de pénétrer le monde de la femme, au sens littéral comme au sens figuré. Tant qu'un homme ne sait pas qu'il peut utiliser autre chose que la douceur mielleuse ou la violence aveugle pour se défendre, il ne pourra être pleinement en relation avec l'autre sexe. Pour être en mesure de s'abandonner à l'intimité du couple, il doit se sentir capable de survivre au rejet, ou de partir de lui-même si cela s'avère nécessaire.

Le guerrier intérieur

Les Grecs et les Romains avaient élevé au rang de déité le guerrier Mars. Les Anciens le reconnaissaient comme une force psychique fondamentale à laquelle il fallait vouer un culte. Mars, c'est l'affront, l'insulte, la gifle qui vient marquer une limite et enclencher les hostilités ; c'est aussi celui qui peut trancher, mordre au travers, partir en claquant la porte. Mais il est bien plus que cela, il est un moteur psychique de premier ordre. Mars fait bouger les choses, provoque des confrontations pour forcer les humains à sortir de la stagnation. Mars est une force vitale, un coup de tonnerre, un éveilleur ; il est le printemps qui secoue la terre.

Dans une conférence donnée en mai 1987 au Cercle C. G. Jung de Montréal[4], l'analyste James Hillman faisait ressortir l'aspect civilisé des arts martiaux, qui s'opposent aux débordements incontrôlés. En effet, Mars vit dans la discipline, dans la répétition précise et concentrée du maniement des armes, il s'attache à maîtriser sa peur, il respecte l'adversaire et sait en apprécier la valeur. Il possède une éthique du combat et un code moral. S'il sait comment déclarer une guerre, il sait aussi comment en sortir pour faire la paix. Mars a aussi son côté voluptueux ; celui-ci transparaît dans la beauté de ses habits, le poli de ses armes, les galons de ses uniformes, les parures de ses chevaux. S'il traîne souvent dans la boue des fossés baignés du sang des explosions, il connaît aussi ses moments de gloire et de brillance. Notre goût d'enfant pour ses défilés de cadets en témoigne. Nous aimions ces beaux uniformes, cette musique des flûtes et des tambours, ce « clinquant » qui étincelait au soleil. Nous cédions au charme de Mars, les yeux remplis d'admiration pour le dieu discipliné et fier.

Aujourd'hui, cependant, l'archétype du guerrier est en mouvement, Mars doit changer, le péril de la planète exige son évolution. Le guerrier peut se vivre pleinement sans qu'aucun coup physique ne soit porté. La lutte pour un environnement moins toxique est un nouveau champ de bataille pour Mars, tout comme la lutte pour la paix dans le monde ou celle du respect des droits de l'Homme.

Les Indiens d'Amérique constituent un modèle éloquent d'une vie guerrière vécue dans le respect de la vie animale et végétale, grâce

4. HILLMAN, James, *L'Amour de la guerre*, Cahiers du Cercle, Cercle C. G. Jung de Montréal, Montréal, mai 1987.

à une conscience de l'unicité du monde. Ces guerriers n'épuisaient pas l'environnement, ils s'y fondaient et s'y faisaient une niche. Nous, nous sommes parvenus à dompter la nature extérieure, mais notre nature intérieure vit encore dans un état primitif, et elle nous violente sans cesse. Nous devons retourner à nos sources et cultiver cette image mythique et historique de l'Indien qui vit dans le respect des lois naturelles et spirituelles.

Le monde se « psychologise » et Mars se « psychologise » lui aussi. Le goût de briller, de se dépasser et de se maîtriser s'intériorise et contribue à réveiller le guerrier intérieur. Il peut nous mettre sur la piste de l'ardeur, sur la piste du déferlement de la vie en nous. Réveiller le guerrier intérieur, c'est éveiller dans son être le pétillement et la fierté. Mars-en-éveil peut nous aider à nous débarrasser de nos mauvaises habitudes ou de notre paresse physique et intellectuelle, il peut nous aider à retrouver la fureur de vivre et l'élan vital.

Mars-en-éveil signifie le débordement du printemps en soi. « Péter de santé » est une expérience psychologique et physiologique à la portée de tous. Ce débordement du printemps en soi s'avère toujours être, du même coup, le débordement de l'amour, comme si le plaisir de répondre à l'étincelle vitale nous rendait contents de nous-mêmes et amoureux de la vie. D'ailleurs, dans les mythes grecs et romains, Mars est l'amant de Vénus, déesse de l'amour et la plus belle femme de l'Olympe. Vénus aime l'ardeur de Mars, elle aime l'ardeur de la vie en lui. Il lui apporte l'étincelle vitale qui la fait briller de tous ses feux. Étrange mariage, étrange rapprochement des feux de l'amour et de ceux de la guerre. L'accueil de l'adorable Vénus émeut Mars et lui fait quitter les armes. Il n'a plus à se battre, il peut se dépouiller, se mettre à nu, et vivre l'amour. Détail révélateur : l'enfant qui naîtra de leur union s'appellera Harmonie.

Le guerrier peut devenir cet accompagnement intérieur vers l'Harmonie, l'harmonie avec nos lois physiques et psychiques, l'harmonie avec notre environnement naturel et culturel. Mars, l'éveilleur, connaît le chemin vers la vie parce qu'il est la force même du mouvement vital. Il connaît le chemin vers l'harmonie et, pour y parvenir, il passe par l'amour. Cela veut dire qu'un effort accompli sans amour, une ardeur déployée sans plaisir ne conduisent pas à l'harmonie. Cela signifie qu'une impétuosité qui ne baisse jamais les armes, qui ne connaît pas la douceur et la volupté de vivre ne parvient pas à son but. L'impétuosité aveugle ne procure pas la joie suprême de briller de tous ses feux en accord avec la vie même qui coule si impétueusement en chacune de nos veines.

Se battre pour livrer le meilleur de soi-même et l'expérimenter est la source même de la paix et de l'amour de soi. La belle Vénus attend éternellement l'homme éveillé en nous, elle lui prodigue alors tous ses charmes et toutes ses beautés. Pour l'homme éveillé, la nature dévoile ses atours. Le monde devient pour lui source d'émerveillement, de ravissement et d'extase. Vénus le reçoit dans ses bras. Le guerrier devient amour.

Quand nous sommes au faîte de notre ardeur, Vénus nous apparaît et ravit notre corps et notre esprit. Ce qui se traduit par des états mentaux de bonheur et une sensation d'harmonie. Nous sommes bien loin alors de toutes ces gymnastiques morales et intellectuelles qui prêchent l'amour universel. L'Amour n'existe pas sans l'éveil du guerrier, l'amour passe par Mars, c'est alors qu'il devient harmonie. On peut donc se sermonner toute sa vie, et sermonner les autres sur le sens de l'amour, tant qu'on est confortablement assis, le ventre bien rond, devant sa télévision, il ne se passe rien, la vie demeure vide de sens. Et il est également vide de sens pour nos partenaires de vivre avec un homme qui manque de vigueur. Ce n'est pas seulement la Vénus intérieure que l'on rencontre quand on donne le meilleur de soi, quand on éveille la vigilance et le plaisir de se dépasser, c'est aussi la Vénus extérieure, l'amoureuse en attente chez nos partenaires.

« Femme, c'est à toi que va le désir, tout désir. Garde-toi pour l'amour, garde l'amour, amoureuse même avant l'amour, amoureuse de l'amour, en désir et disposition d'amour. Réjouis-toi, car tu détiens le filtre et le secret. Réjouis-toi car tu as été choisie pour être dans l'amour et y demeurer.

« Homme, acharne-toi à te faire aimable, affirme ton être et ta personne jusqu'à briller d'un éclat incomparable. Alors Femme s'ouvrira à toi, et tu la mettras en feu d'amour, et tu seras baigné, noyé dans son vaste secret et ce sera délice, délice inouï. Homme, réjouis-toi, car si c'est elle qui détient le secret, qui garde l'amour, c'est toi qui met le feu, c'est toi dont le désir embrase, c'est toi qui fait l'amour[5]. »

5. LECLERC, Annie, *op. cit.*, p. 63-64.

CHAPITRE CINQ

Le sang du père

La trahison du corps

Ce que j'ai présenté jusqu'ici comme étant le problème psychologique de quelques générations d'hommes a des racines qui plongent jusqu'à la base même de la civilisation occidentale. La blessure de l'identité masculine ne date pas d'hier. À partir du moment où la pensée dualiste a fait son apparition chez les Grecs, et peut-être même avant, le corps a été séparé de l'esprit, l'objet du sujet, la nature de la culture.

La blessure du Roi-Pêcheur

La réévaluation de l'agressivité et l'intégration de la vitalité guerrière sont loin de représenter la solution finale au dilemme masculin. L'histoire de Perceval, ce héros par excellence du Moyen Âge, en témoigne très bien. On y assiste déjà au drame d'une masculinité construite uniquement de l'extérieur et ayant perdu son sens d'identité intérieure. D'ailleurs, existe-t-il un plus beau symbole de cette structuration artificielle que celui de l'armure du chevalier, qui soutient celui qui la porte, qui peut même tenir debout toute seule ?

L'histoire de Perceval a été immortalisée par Chrétien de Troyes dans *Perceval ou le Conte de Graal* et, plus récemment, par le cinéaste John Boorman dans son film *Excalibur*. Écrit il y a plus de cinq cents ans, ce récit demeure fascinant en raison de la modernité de ses articulations. Il nous empêche en tout cas de céder à la tentation d'imaginer un passé idyllique où les fils auraient eu des pères et au cours duquel l'identité masculine n'aurait pas été en péril.

Le jeune Perceval vit seul avec sa mère; son père est mort à la guerre, il ne l'a pas connu. Ses frères, eux aussi, sont morts au service de la chevalerie. Sa mère, craignant de perdre son dernier fils, lui interdit cet idéal. Mais Perceval décide malgré tout de partir. Il abandonne sa mère, qui en mourra de chagrin. En route, l'adolescent charme une jeune fille dont l'amant jaloux, le Chevalier Vermeil, le provoque en duel. Après avoir tué le chevalier, Perceval lui ravit son armure rouge et flamboyante et la revêt par-dessus ses vêtements de paysan, vêtements affectueusement cousus par sa mère. Il laisse la jeune fille derrière lui.

Ainsi sont posés les premiers jalons de l'identité masculine de Perceval. Sa confrontation avec le Chevalier Vermeil, dont l'armure arbore la couleur du sang et de la passion, représente une première confrontation avec le monde instinctif, son propre monde instinctif. C'est par la force brutale qu'il terrasse ses pulsions, mais cette répression par la force se situe, de fait, à l'encontre d'une intégration réelle de sa virilité. S'il affiche extérieurement une masculinité outrageante et flamboyante, symbolisée par son armure – une masculinité « macho », pourrait-on dire –, il demeure intérieurement un fils à maman, puisque c'est par-dessus les doux habits qu'elle lui a fabriqués qu'il la revêt[1].

1. Pour l'interprétation de la légende, je me réfère largement au brillant exposé de l'analyste suisse Bernard SARTORIUS : « Les Archétypes du masculin », conférence et séminaire donnés au Cercle C. G. Jung de Montréal, mai 1986. (Notes personnelles de l'auteur.) Par ailleurs, on trouvera un excellent résumé de la légende, de même qu'une autre interprétation, dans l'ouvrage de Robert A. JOHNSON : *He, Understanding Masculine Psychology*, coll. Perrennial Library, n° P 415, Harper & Row, New York 1977, 83 p.

Grâce à son armure, Perceval est introduit à la cour du Roi Arthur et des chevaliers de la Table ronde. On l'y éduque dans l'art de la chevalerie. Il apprend à manier les armes et à monter à cheval. Ainsi initié, il part à la conquête du monde.

Il délivrera un royaume assiégé par un tyran et se verra offrir en épouse la princesse Blanche-Fleur. Mais de nouvelles conquêtes l'attirent et, le mariage à peine consommé, il abandonne sa femme. Tout comme il a abandonné sa mère, tout comme il a abandonné la jeune fille dont il avait tué l'amant. Perceval ne peut s'engager envers la femme. Ses aventures l'entraînent toujours plus loin. L'intégration du féminin demeure impossible. Finalement, l'unilatéralisme de son héroïsme mâle et son indépendance féroce vis-à-vis de la femme entraîneront Perceval à être confronté au mystère du Graal.

Un jour, il arrive près d'un lac. Au beau milieu de ce lac, il remarque un homme qui pêche, parfaitement immobile. Il s'agit du Roi-Pêcheur. Ce dernier s'empresse d'inviter le chevalier à un banquet qui se tiendra dans son château le soir même. Or, voici que, pendant le repas, il se passe quelque chose de parfaitement étrange. Le héros assiste à une procession dont le point culminant est le spectacle d'une lance qui saigne mystérieusement au-dessus d'un vase, le vase du Graal.

Perceval est sidéré. Il meurt d'envie de demander des explications mais n'ose pas le faire : il a promis à sa mère de tenir sa langue en société. Malheur à lui puisqu'il apprend, une fois le banquet terminé, que le Roi-Pêcheur souffre d'une blessure à la hauteur de la hanche qui ne veut pas guérir, et que ladite blessure ne guérira pas tant qu'un invité ne brisera pas le silence en posant une question concernant le spectacle étrange auquel il lui a été donné d'assister. Il apprend également que le Roi doit cette blessure à un coup de javelot traîtreusement administré par une sorcière. On lui dit aussi que la lance qui saigne serait celle-là même avec laquelle le centurion a transpercé le flanc du Christ sur la Croix.

J'arrête ici la narration de la légende pour considérer les quelques éléments qui s'en dégagent. Les dimensions qu'on y retrouve s'appliquent encore aujourd'hui ; en effet, le silence des hommes y joue un rôle fondamental, ainsi que la fragilité de l'identité masculine symbolisée par la blessure du Roi.

Le Roi malade signifie que le principe « régissant » la masculinité est atteint. Il est blessé obscurément « à la hauteur de la hanche », donc en plein centre du corps, au niveau du bas-ventre ou des organes génitaux. Il est touché en ce lieu qui divise le haut et le bas du corps, qui sépare les parties nobles, soit le cœur, les poumons et la tête, des parties dites inférieures, soit le ventre et le sexe. Cette plaie mal délimitée entraîne notre imagination du côté de la castration ; le principe de reproduction mâle semble endommagé ; le masculin ne peut plus générer, ne peut plus se régénérer. Il est intéressant de noter que, dans une autre version de la légende, le coup de javelot ne vient pas d'une sorcière, mais d'un mahométan, et il y est spécifié qu'il a atteint le Roi aux organes génitaux.

En d'autres termes, si le Roi-Pêcheur est blessé à mi-hauteur du corps, cela indique que le principe spirituel masculin est séparé en deux : les parties nobles de la spiritualité ont été coupées des parties jugées inférieures qui ont affaire, elles, avec le ventre, le sexe, et les jambes. Ce faisant, la spiritualité des pères se trouve incapable de se régénérer, d'engendrer de nouvelles attitudes, et même de progresser, puisqu'elle a les jambes coupées. Le contact avec la terre est perdu.

Le coup viendrait d'une sorcière. Or, la sorcière représente le principe féminin rejeté par les hommes, principe qui devient maléfique et se retourne contre eux. Dans le récit, la rencontre du Roi-Pêcheur ne survient-elle pas après que Perceval a abandonné Blanche-Fleur, son épouse ? La blessure serait donc due à l'attitude ambiguë des hommes envers les femmes. Tout se passe comme si les hommes avaient dissocié de leur être les dimensions qu'ils jugent viles et qu'ils les avaient projetées sur la femme. Ils tentent donc de tenir celle-ci en position inférieure, provoquant ainsi la colère du féminin et sa vengeance ultime.

Mais il y a plus. Le coup a été porté au moyen d'un javelot, symbole qui vient renforcer le motif de la lance qui saigne, superposant pour ainsi dire la javeline de la sorcière et la pique du soldat romain. L'auteur lie ainsi la plaie du Christ à la contusion du Roi et au féminin mal intégré.

Nous pouvons penser que la référence faite au sang du Christ indique que la religion chrétienne, malgré l'impulsion civilisatrice qu'elle a permise, est blessée et blessante dans son principe même. Elle divise trop fortement le haut du bas. Au lieu de réunir instinct et esprit, elle les sépare. Le monde chrétien cultive la spiritualité « bleu ciel », éthérée, et refuse à l'instinct et à la matière toute participation au monde spirituel. La spiritualité instinctive, « rouge », est niée, et il revient aux femmes de porter l'odieux de cette division du masculin. Les rituels de sorcières, avec leurs danses macabres et leurs perpétuelles allusions à la sexualité, viennent compenser l'aveuglement de la religion régnante.

Avez-vous déjà remarqué que la religion des Amérindiens, pourtant jugée primitive, ne semble pas souffrir d'une telle division ? Les appellations « Grand Manitou » ou « Grand Esprit » ne nous renvoient pas à un principe spirituel désincarné. Nous y voyons encore voler l'aigle, rouler le tonnerre et souffler le vent. Elles gardent leurs résonances naturelles. Les recueils de textes spirituels indiens portent des titres tels *Pieds nus sur la terre sacrée*. Ces textes concernent l'homme entier et tout le cosmos. Le « Notre Père qui êtes aux cieux » semble tellement désincarné en comparaison ! Blessés à mi-hauteur, nous perdons le contact vital avec la terre sacrée et nos entreprises blessent le féminin.

En tentant de dompter les fortes pulsions que sont la violence et la sexualité, le christianisme, cette religion d'hommes, a laissé derrière lui quelque chose d'essentiel, à savoir une spiritualité du « bas » qui ne blesse pas le rapport avec la terre et les instincts. Deux mille ans plus tard, nous voyons se produire ce qui était préfiguré dans *Perceval ou le Conte du Graal*. Il a fallu tout ce temps pour que la révolte des femmes, la révolution sexuelle et la pollution de la planète viennent signifier aux hommes que leur conception du monde est malade dans son essence. En plein Moyen Âge, Chrétien de Troyes percevait sans doute confusément le drame du masculin. Il a tenté alors de le dépeindre sous les traits du valeureux Perceval mais, détail significatif, il est mort avant d'avoir pu achever son roman.

Un dernier élément du récit mérite notre attention : le silence qui entoure le sang qui coule de la lance et la perte de vitalité du Roi. Ce dernier ne mentionne pas sa blessure à Perceval, et celui-ci ne pose aucune question sur le spectacle de la lance qui saigne. Comme si l'événement était trop impressionnant, trop angoissant et devait automatiquement être refoulé. Ce silence de garçon bien élevé, qui cherche à faire plaisir à sa mère, provoque la continuation de la misère du Royaume. Comme le dit l'analyste Bernard Sartorius : « Il lui était demandé de cesser d'être "correct", pour être adéquat à un autre niveau[2]. » Mais pour être adéquat à un autre niveau tout en respectant la totalité de son être, un homme a besoin de ses instincts ; il ne peut pas les laisser au vestiaire avec son parapluie. Le silence du masculin par rapport à ce qui le mine nous garde dans le marasme.

Le film de Boorman lie la maladie du Roi aux fléaux qui affectent la lande. Le pays manque d'eau, les terres ne produisent plus, la peste et la barbarie règnent. C'est la vie même qui est malade en raison du manque d'engagement de l'homme, en raison de son silence. La spiritualité « bleue » mène à la désincarnation, à l'abandon des choses de la terre. Perceval pouvait guérir le Roi en posant une simple question, en faisant entendre sa voix, c'est-à-dire en affrontant le problème. De la même manière, nous pourrions guérir notre masculinité désincarnée et les problèmes qu'elle a engendrés. Il est temps de parler, de soigner notre division interne en redevenant un avec notre environnement. Il est temps de redécouvrir avec les taoïstes et les alchimistes que « ce qui est en haut est comme ce qui est en bas ».

Pourtant, Perceval n'est pas un fils non initié. La cour du Roi Arthur lui a permis d'affiner sa masculinité. Il a appris à se dompter

2. SARTORIUS, Bernard, *op. cit.*

et à se maîtriser ; il est devenu « viril ». Mais il y a déjà quelque chose de manquant dans cette initiation. On y fabrique un mâle héroïque, un masculin d'armure et de façade. On y construit le masculin uniquement de l'extérieur. L'initiation de Perceval correspond à l'initiation mâle qui prévaut depuis lors. Les hommes doivent apprendre à ne pas pleurer, à se discipliner, à rivaliser et à conquérir. Ce sont là des étapes constitutives de la psychologie de l'homme, mais il semble que nous ayons laissé quelque chose d'essentiel derrière nous en passant du monde tribal au monde dit civilisé. Pour le découvrir, nous allons examiner de plus près de quoi étaient faits les rites d'initiation des adolescents mâles dans les peuplades originelles.

Dans les entrailles de la terre

L'initiation tribale

Comme je le mentionnais dans le premier chapitre, l'initiation tribale des adolescents mâles était un rituel très répandu et très élaboré. Ce rite aidait les jeunes hommes à devenir les fils de leur père. Il avait pour but de rendre officielle la séparation d'avec la mère, et de faire d'un adolescent un homme.

Pour l'anthropologue Victor Turner, l'initiation représente un état interstructurel entre une structure sociale et celle qui la suivra, plus précisément un non-état, un entre-deux. Pour la tribu, ceux qu'on initie cessent tout simplement d'exister, ils deviennent invisibles ; on parle d'eux, même en leur présence, à la troisième personne, comme s'ils n'étaient pas là. Ils n'ont plus de sexe et sont considérés comme androgynes. De plus, ils sont décrits et traités comme des morts ou des fœtus. C'est pourquoi ils se recouvrent de chaux, de boue ou de cendres, symbolisant ainsi leur retour à la terre, leur retour au monde des morts. Ils doivent mourir à un état pour renaître à un autre. Les initiations collégiales ou les enterrements de vie de garçon ont d'ailleurs conservé ce motif du « salissement », bien que son sens profond ait été perdu.

Ceux et celles que l'on initie représentent en fait la marge d'une société, ils sont mis à l'écart temporairement avant d'être réadmis dans leur nouvelle identité. Alors, c'est véritablement une nouvelle personne que l'on réintégrera, un être qui parlera de lui-même lorsqu'il était enfant comme s'il s'agissait d'un autre.

Le rite de passage des adolescents est modelé sur les processus biologiques humains, tel celui de la naissance. Le rituel donne une forme extérieure et visible à un processus intérieur et conceptuel. « Dans plusieurs sociétés, les symboles de l'initiation sont tirés de la biologie de la mort, de la décomposition, du catabolisme et d'autres processus physiques qui ont une teinte négative, comme les menstruations (souvent regardées comme l'absence ou la perte d'un fœtus) [...] Le néophyte peut être forcé de se coucher, immobile, comme si on allait l'enterrer, il peut être peint en noir, ou forcé de vivre pour un temps en la compagnie de mimes masqués et monstrueux représentant, entre autres, les morts, ou pire, les morts vivants. La métaphore de la dissolution est souvent appliquée aux néophytes : il leur est permis d'être sales ou identifiés avec la terre, la matière commune à laquelle chaque individu spécifique sera retourné [...][3] ».

Vous voyez comment, de par sa référence aux processus biologiques et naturels de la terre et du métabolisme humain, ce mode initiatique tranche nettement avec celui qu'a suivi Perceval. L'initiation de Perceval ne concerne que l'aspect chasseur et guerrier de l'homme ; elle a laissé tomber la réalité du corps et l'implication de l'être dans la matière.

Pourtant l'initiation des chasseurs prenait aussi place à l'intérieur de la terre. Le mythologue Joseph Campbell, décédé en 1987, croit que les cavernes préhistoriques, telles Lascaux ou Pech-Merle, sont de véritables livres d'apprentissage. Au moyen des scènes peintes

3. TURNER, Victor, *The Forest of Symbols*, cité par Jan O. Stein et Murray Stein, dans « Psychotherapy, Initiation and the Midlife Crisis », dans *Betwixt & Between : Patterns of Masculine and Feminine Initiation*, publié sous la direction de Louise Carus Madhi, de Steven Foster et de Meredith Little, Open Court, La Salle, Illinois, 1987, p. 292.

à même les murs, les néophytes apprenaient comment chasser et tuer respectueusement les animaux, les seigneurs de la terre[4].

L'initiation tribale permet la saleté, qui est indispensable au rite. Comparée à la sécheresse des épées, elle est humide. Voilà pourquoi la lance du Graal saigne : le masculin sec et tranchant doit être trempé dans l'humidité du sang et de la décomposition pour renaître. Les hommes, justement parce qu'ils n'ont pas de menstruations et ne peuvent enfanter, ont d'autant plus besoin d'être rapprochés des processus biologiques et naturels de mort et de renaissance.

La culture actuelle témoigne bien de la nécessité de tels rites de passage et de la catastrophe spirituelle que représente leur perte. Les adolescents et adolescentes d'aujourd'hui, par l'androgynie qu'ils affichent, par ce penchant pour la monstruosité des coiffures et des attirails, pour les vêtements savamment troués ou déchirés qu'ils portent, et par leur négligence au niveau de l'hygiène, répètent sans le savoir les thèmes initiatiques. Le malheur est que les pères ne comprennent pas la soif inconsciente d'initiation qui s'exprime ainsi. Les jeunes vivent une transition, une étape initiatique. Ils explorent les marges de leur identité future.

Dans une société de spectacles et d'images comme la nôtre, cette initiation se limitera souvent à l'imitation passive d'une quelconque vedette. L'initiation ancestrale a été vidée de son contenu, mais surtout de la *participation* au sens sacré de l'univers à laquelle elle amenait le novice par des épreuves qui le marquaient jusque dans sa chair.

Du pubère à l'homme : la mutilation

La présence de la mutilation dans les initiations tribales est une réalité déconcertante. Même si la littérature affirme qu'elle est pratiquée avec des gestes « tendres et cruels à la fois » par les pères de la tribu, son apparente barbarie répugne à notre sensibilité moderne.

4. CAMPBELL, Joseph et MOYERS, Bill, *The Power of Myth*, Doubleday, New York, 1988, p. 81.

A-t-elle une autre raison d'être que celle d'assurer l'autorité des pères sur les fils ? Quel est son rôle au niveau psychologique ?

L'initiation a pour but de renforcer l'ego masculin, de le raffermir, et la mutilation exprime la soumission au principe mâle. Dans cette soumission de l'initié à la souffrance infligée par le père, il faut voir un acte d'amour masculin qui signifie la mort du fils à maman. La douleur de la mutilation exprime la douleur de l'initié lorsque l'on tranche le lien qui le relie à sa mère. Cette mutilation devient une prise de contact avec le masculin chtonien, sauvage, le masculin des profondeurs de la terre.

Le philosophe Gustave Thibon affirme qu'en amoindrissant notre souffrance nous réduisons d'autant notre communion intérieure et directe avec la réalité. D'après lui, il s'agit là d'une loi inexorable, et Stephen Shapiro d'ajouter : « Les hommes qui sont incapables de souffrir demeurent puérils, exilés de la réalité du contact humain et vidés d'intérêt pour le monde dont ils héritent[5]. » Voilà un jugement sévère par rapport à notre recherche incessante de confort !

J'ai parlé d'Adrien-le-héros qui, tout en menant avec succès une carrière artistique internationale, se sentait extrêmement seul. Il souffrait d'une perte de contact avec la réalité. Aliéné de toute relation amoureuse, sa vie n'avait plus de sens à ses propres yeux. Je constatai qu'il était complètement coupé de ses sentiments et totalement réfugié dans sa tête. Je l'encourageai donc à laisser monter ses émotions. Lui vint alors l'image d'un homme hermaphrodite, écorché vif, enchaîné et suspendu dans le vide par des fils d'acier. Après avoir dessiné cette image, il éclata en sanglots ; il venait de prendre contact avec sa propre souffrance. Il devait découvrir par la suite qu'accepter de sentir, qu'accepter de souffrir lui redonnait une communion perdue avec les autres. Il s'en trouvait tout « ragaillardi », et il réalisa que même sa technique artistique s'en portait mieux. Le monde avait retrouvé son sens.

5. SHAPIRO, Stephen A, *op. cit.*, p. 66. (Il y cite Gustave Thibon.)

La souffrance, celle qu'on reçoit et celle qu'on impose, est une donnée fondamentale de l'existence. Nous acceptons les joies sans poser de questions mais refusons d'accueillir ce qui nous fait mal; le geste des pères tribaux tente de donner un sens à cette dimension inévitable de la vie humaine. Pour eux, non seulement la souffrance ne peut être évitée, mais le sacrifice qu'elle représente fait partie des éléments structuraux du cosmos.

Derrière son apparente brutalité, la mutilation exprime une vérité très simple: pour devenir un humain véritable, il faut accepter d'entrer dans le monde des contingences où rien ne nous sera épargné, comme si la matière humaine devait être corrompue et ouverte pour que l'essence s'en dégage. Cependant, si l'on crève l'enfance inconsciente et unitaire du fils, ce n'est pas pour le faire hériter d'un monde absurde; le but de cette initiation, qui imite si bien la naissance, est de le faire entrer dans une unité plus vaste, dans un cosmos élargi. Il y devient responsable, acteur et participant à part entière. Ses actes portent désormais leur poids dans la continuation du monde.

La grande différence entre la mutilation que le Roi-Pêcheur a subie et celle qui est pratiquée lors des initiations tribales réside dans le fait que cette dernière est volontaire, alors que la première est passive. La première s'avère être une blessure narcissique infligée par des mains traîtresses, alors que la seconde est accomplie rituellement; la mutilation tribale est chargée de transmettre un sens qui dépasse aussi bien le mutilateur que le mutilé. Le rite de passage ancestral se trouve en accord avec les lois fondamentales de la psyché qui exige que le moi sacrifie son règne aveugle pour s'ouvrir à l'univers.

Quand le jeune homme quitte le mode passif-réceptif, il doit rencontrer l'autre face du réel. Apprendre à souffrir, à tolérer la souffrance et à l'infliger si nécessaire, permet de crever la bulle de dépendance douillette que l'on tente de former autour de soi. La mutilation entraîne un contact violent avec la réalité de l'univers qui est souvent épargnée aux hommes tant qu'ils vivent sous le regard des mères, quel que soit leur âge.

Naître par le sang du père

Pour les initiateurs, il s'agit de faire passer les jeunes adolescents du statut de pubère au statut d'adulte. Donc, de leur expliquer, de leur transmettre, et surtout de leur faire expérimenter pour la première fois le fait d'être « homme ». Les aborigènes australiens, par exemple, miment la première naissance. « Ils construisent un tunnel de branches et buissons long de vingt à trente pieds et, au moment opportun, y font pénétrer les garçons. Après beaucoup de vacarme et de hurlement, ils les accueillent à bras ouverts à l'autre bout et les déclarent solennellement des hommes, "re-nés" par le corps de l'homme, avec un nouvel esprit et un nouveau corps[6]. »

Alors que la première naissance est nourrie par le lait de la mère, la deuxième est une naissance nourrie par le sang du père. Pour les aînés de la tribu des Kikuyu, en Afrique, il s'agit d'assumer le rôle de « mâles nourriciers ». Le rituel suivant l'illustre bien : assis en cercle avec le jeune initié, les pères de la tribu, chacun à leur tour, avec le même couteau bien effilé, s'entaillent un bras et versent un peu de leur propre sang dans un bol. Les adolescents boivent ensuite le sang des pères et deviennent « hommes »[7]. Ils sont nés par le sang, « re-nés » par le corps du père. Quelle impressionnante façon d'être accueilli dans la communauté mâle !

Cette idée du « père nourricier », qui donne naissance par son corps, me semble essentielle ; elle vient pointer du doigt la faille de notre culture. Aujourd'hui, nous ne naissons plus que par le cerveau du père. Nous ne sommes initiés qu'au père spirituel, qu'à la loi, aux principes et aux règles. En raison de l'absence de nos pères, nous devenons nous-mêmes absents de corps, désincarnés, des têtes ambulantes disjointes de leurs sensations physiques. Nous demeurons coupés de la vitalité corporelle, du sang, et craignons les femmes qui ont

---

6. BLY, Robert, « Initiations masculines contemporaines », dans le magazine *Guide Ressources*, vol. 4, n° 2, Montréal, novembre et décembre 1988, p. 29. (Article traduit de l'anglais par Jean-Guy Girouard.)
7. *Ibid.*, p. 29.

le malheur d'être un peu trop « en chair ». Pourtant la présence au corps est la racine même de la présence au monde.

Pour reprendre une expression créée par le psychanalyste Jean-Charles Crombez, le corps est « transpersonnel ». Il a, tout autant que l'esprit, le pouvoir de nous relier au cosmos. La nécessité de survivre dans un environnement difficile avait fait comprendre aux peuplades anciennes qu'un homme doit être relié à l'univers par les pieds et pas seulement par une représentation mentale. Encore une fois, la spiritualité « bleu ciel » de notre société doit s'enrichir d'une spiritualité rouge, qui vient des profondeurs terrestres.

À la suite d'une de mes conférences, un homme prit la parole et parla d'un projet qu'il avait mis sur pied avec deux ou trois amis, tous pères d'adolescents de douze à seize ans. Ils comptaient se réunir autour d'un feu, dans un bois, un après-midi, et parler à leurs fils de la « vie », de la sexualité, des difficultés qu'ils avaient rencontrées et des joies qu'ils avaient connues.

Je suis convaincu que la création de tels moments symboliques et privilégiés peut contribuer à fonder l'identité des jeunes mâles. Ceux-ci pourront enfin sentir la filiation. Les pères sortiront du silence pour leur transmettre quelque chose. En démontrant qu'ils sont dignes que l'on s'adresse à eux, les pères confirment à leurs fils leur statut d'homme.

La parole qui partage, la parole qui rassure, la parole qui révèle, celle qui confirme, si brève soit-elle, est un élément fondamental de tels événements initiatiques. Qu'on se rappelle l'éloquent « Pierre, tu es pierre, et sur cette pierre je bâtirai mon Église » que le Christ prononce à l'intention de son premier apôtre. Le bris du silence, le bris de la gêne de la part du père est un geste d'une portée incalculable pour le fils. Peu importe l'humilité de la parole ou l'âge des protagonistes, pourvu que cette parole soit vraie et non rigidifiée par un quelconque principe. Malheureusement, dans de nombreuses histoires d'hommes, cette ouverture des cœurs se produit bien souvent, *in extremis*, au chevet du père agonisant. La tâche du père initiateur ne saurait être de se cantonner dans un modèle de perfection ou dans une attitude artificielle de « père fort ». Bien au contraire, seul le partage par le père de sa simple humanité peut introduire le fils à la vie et le décharger de l'obligation d'être un dieu ou un malfaiteur.

CHAPITRE SIX

Bienfaisante dépression

La soif d'initiation

L'initiation est une porte ouverte sur la réalité. Mais aujourd'hui, l'absence du père se reflète au niveau collectif dans l'absence de rituels ayant pour but d'aider les hommes à passer de l'adolescence à l'âge adulte. Devenir un homme demande donc toutes sortes de contorsions toutes plus douloureuses les unes que les autres. Les rites de passage modernes sont inconscients, ils vont de l'accident à la dépression. Tout comme l'initiation ancestrale, cependant, ils visent le bris de l'idéal passif et l'intégration de ce que nous dédaignons ou de ce qui nous fait peur.

Comment accidents, divorces, ulcères et faillites se chargent d'initier les hommes

La plupart du temps, les hommes décident de « venir en analyse » à la suite d'un événement dramatique. L'un vient d'être mis à la porte par sa femme, qui demande le divorce, et il craint de perdre la maison, si ce n'est la raison ! L'autre a eu deux accidents d'auto dans la même semaine. Un autre encore développe un ulcère parce qu'il travaille trop ; l'avant-dernier a dû se déclarer en faillite, et le dernier a constaté, stupéfait, que sa vitalité sexuelle n'était plus ce qu'elle était.

Alors que les femmes « consultent » parce qu'elles sont conscientes d'un malaise intérieur, les hommes, eux, éternels héros croyant toujours pouvoir s'en sortir tout seul, se plient à l'analyse uniquement quand ils viennent de subir ce qu'il est convenu d'appeler un revers du destin. C'est au cœur de la crise, alors que tout s'écroule, qu'ils réagissent. Souvent, ils attendent secrètement de la thérapie qu'elle les aide à se refaire des énergies sans qu'ils aient à se poser de questions sur eux-mêmes. Ils viennent alors porter leur psyché au garage en espérant que l'analyste va la réparer sans que cela fasse trop mal ou que cela soit trop « coûteux » ! La tâche sera longue pour en venir à leur faire accepter qu'ils ont joué un rôle dans leur destin adverse et, qu'en fait, ils ont pu le rechercher inconsciemment. À l'examen, leurs accidents apparaissent bien souvent comme une façon de mettre fin à une adolescence prolongée. Nous pourrions dire que ces diverses « mutilations » expriment une soif inconsciente d'être initié. Le rôle de la thérapie sera de donner un sens initiatique à toute la souffrance engendrée[1].

La soif inconsciente d'initiation d'un homme de trente ans

Je reprendrai ici, plus en détail l'histoire de Julien.

Julien était venu me consulter après la naissance de son premier enfant, un fils dont il était très fier. C'était un homme de trente ans, très agréable, charmant même, avec une bonne éducation et de

1. J'aimerais noter au passage que je me suis inspiré du concept d'« Initiation Hunger » développé par Anthony STEVENS dans son livre *Archetypes, a Natural History of the Self*, *op. cit.* ; voir le chapitre intitulé « Personnal identity and the stages of life », p. 140-174.

bonnes manières. Il avait épousé une femme de son âge, ayant fait les mêmes études que lui et, très conscient des nouvelles valeurs de couple, il partageait volontiers la moitié des tâches avec elle.

Julien venait d'une famille bourgeoise européenne qu'il avait fuie au début de la vingtaine en immigrant au Québec. Il méprisait son père, un homme très autoritaire, qui s'absentait souvent pour des raisons d'affaires. Sa mère était une femme dépendante et dépressive qui avait fait de son fils le confident de sa détresse et des tromperies de son mari.

La femme de Julien, compétente et compétitive, obtenait plus de contrats que lui et il s'en trouvait humilié. Des fantasmes sexuels sadiques le troublaient : il enchaînait des femmes dans un sous-sol. Dans le premier rêve qu'il me présenta, il se trouvait au chevet de sa compagne qui était morte ! Il affirmait pourtant que tout allait bien dans leur couple.

Au fil des mois, il éprouvait de plus en plus le sentiment d'être abandonné, sentiment qui était exacerbé par l'attention que son épouse consacrait à leur fils. Quand la frustration devenait insoutenable, Julien se laissait aller à des crises de rage. Lors des premières crises, il détruisit des objets qui lui appartenaient (un tableau qu'il aimait, une étagère de livres), puis la rage gagna la cuisine. Les simples échanges d'invectives du début firent rapidement place à l'inévitable : il frappa sa femme à quelques reprises en la menaçant de se suicider avec le petit si elle en parlait. Le couple se sépara.

J'assistai, impuissant, à cette escalade de violence. D'où surgissait donc la fureur soudaine qui le perturbait et pourquoi, même avec la meilleure volonté du monde, n'arrivait-il pas à la maîtriser ? Julien, confident privilégié de sa mère, aliéné de son père, était devenu prisonnier du monde maternel. Il ne pouvait souffrir que sa femme-mère en préfère un autre.

Il y eut procès à propos de la garde de l'enfant. La mère, désirant la garde exclusive de leur fils, surchargea l'acte d'accusation. Julien y était décrit comme un homme pathologiquement violent *qui contaminerait immanquablement son enfant. Or, en réalité, Julien jouissait d'une excellente relation avec son fils. Pourtant, craignant qu'on lui appose l'étiquette « d'homme violent », son premier réflexe fut de cacher à son avocate les violences réelles qui avaient eu lieu. Je trouvais cela inadmissible et je me permis de le lui dire ouvertement, contrevenant ainsi aux règles analytiques. Je réagissais d'une manière toute paternelle sans doute ! À mon avis, Julien, en agissant de la sorte dans le but d'éviter de perdre la face, ne parviendrait jamais à se laver de sa culpabilité ; il risquait ainsi de vivre avec une tare pathologique pour le restant de ses jours. Je lui conseillai de tout avouer à son avocate ; il devait assumer ce qu'il avait fait, quitte à en rougir jusqu'au bout des orteils.*

Cet aveu honteux représentait pour lui la mutilation symbolique dont il avait besoin pour sortir de l'adolescence. Il se devait d'admettre qu'il n'était pas seulement le jeune homme poli que tout le monde admirait. Il était coupable, il avait frappé. Finalement, la Cour, ayant demandé une enquête, découvrit l'excellence de son rapport avec son fils, et la garde partagée lui fut accordée.

Durant cette même période, Julien entreprit des études en vue de l'obtention d'un diplôme en droit. Je voyais cela d'un très bon œil, convaincu qu'il apprendrait à exercer son besoin de pouvoir autrement qu'en frappant. Symboliquement, il s'agissait d'un rapprochement avec le monde tant méprisé du père. Comme les études de droit réclament beaucoup de discipline et une persévérance notoire en raison de la forte émulation qui s'y pratique, il n'eut plus le loisir de se perdre dans ses humeurs dépressives et dans ses fantasmes érotiques. Et il eut moins de temps à consacrer à d'interminables et souvent amères conversations téléphoniques avec son ex-épouse.

Ce passage par le monde du père, alors qu'un ordre de Cour lui pendait au bout du nez, lui fut des plus salutaires. Ce fut une dure période de solitude. Il lui fallut apprendre à reconnaître et à accepter ses besoins réels, malgré les limites que ses besoins affectifs lui imposaient. Par exemple, dans le choix d'une nouvelle par-

tenaire, il eut à considérer et à garder en mémoire sa grande vulnérabilité et sa peur d'être envahi. Il trouva la force de terminer ses études et de développer une relation satisfaisante avec une nouvelle compagne. La compagnie de son fils devint une source profonde de réconfort, malgré les sacrifices exigeants que la garde d'un enfant peut impliquer. Sa confrontation violente avec la loi du père lui avait permis de sortir de l'adolescence et d'apprendre à sentir ses véritables besoins.

La solitude

Il est intéressant de noter combien la solitude que cet homme s'est imposée volontairement s'avéra formatrice. Dans cet ordre d'idées, Jerome Bernstein, un analyste jungien, soutient que s'il n'a pas développé une capacité de vivre seul et de faire son propre nid, un homme ne peut vivre avec une femme sans en faire sa mère, c'est-à-dire sans dépendre d'elle maternellement. Psychologiquement, un homme doit sentir qu'il possède un « foyer » au-dedans de lui-même. Sinon, il exigera de ses partenaires qu'elles lui en fournissent un[2].

Culturellement, nous vivons dans une société extravertie où il y a peu de place pour la solitude et le silence. Nous nous gavons sans cesse de conversations, de films, de spectacles, d'émissions de radio et de télévision. Nous craignons constamment de passer à côté de quelque chose d'important au niveau culturel ou politique. Nous sommes des boulimiques de l'information-spectacle, des obèses de la culture. Nous finissons même par ingurgiter n'importe quoi, simplement pour ne pas rester seuls avec nous-mêmes.

Nombre de mes clients sont incapables de passer quelques heures en solitaire sans sombrer dans la dépression. L'un d'eux m'avouait

---

2. BERNSTEIN, Jerome S., « The decline of Masculine Rites of Passage in our Culture : The Impact on Masculine Individuation », dans *Betwixt & Between : Patterns of Masculine and Feminine Initiation*, publié sous la direction de Louise Carus Madhi, de Steven Foster et de Meredith Little, Open Court, La Salle, Illinois, 1987, p. 140.

même que passer une journée seul à la campagne était devenu pour lui un véritable acte d'héroïsme. Ces hommes ont peur de la solitude et du silence qui viennent couper leur dépendance. Ils redoutent ce sevrage par crainte de tomber dans le vide. Mais la solitude peut être formatrice, car l'individu peut y découvrir qu'il possède des ressources sur lesquelles il ne pensait pas pouvoir compter. La solitude est initiatrice en ce qu'elle oblige un individu à affronter et à surmonter sa propre misère. Les moines du Moyen Âge ne disaient-ils pas que la « cellule » leur enseignait tout ce qu'ils avaient besoin de savoir ?

La fièvre de Maria

Permettez-moi maintenant d'utiliser un second exemple, personnel celui-là. En 1974, je quittai, après plusieurs années, le théâtre professionnel et je retournai aux études dans le but d'entreprendre une formation comme analyste. Je fis alors un rêve qui m'impressionna fortement. Je l'intitulai *Rêve de Maria*. En voici le récit :

> *Je suis au séminaire où j'ai été pensionnaire. Je suis en rang avec les autres. Nous venons de sortir de l'étude pour aller passer un examen. Nous sommes tous en blazer bleu marine et en pantalon gris. Soudain, sans raison, je quitte le groupe et je m'échappe par une porte de côté. Dehors, c'est la nuit noire, il règne une effervescence folle. Je me retrouve rapidement dans les profondeurs de la terre, au fond de grandes crevasses qui forment de vastes corridors de roche. Je porte un flambeau et je dirige une troupe d'hommes. Nous marchons vite, comme s'il y avait urgence. C'est une atmosphère de révolution. Toutes les fois que nous rencontrons un autre groupe d'hommes, tous s'écrient : « Maria », comme s'il s'agissait d'un mot de passe. Soudain, je me retrouve seul et je débouche dans une galerie bien éclairée. Il y coule un petit ruisseau et une vieille femme est en train d'y puiser de l'eau pour Maria, qui est là, couchée à même le sol. Elle est malade, secouée par une*

fièvre intense. Je me penche sur elle et, quand je me relève, mon visage est devenu celui de Rudolph Valentino.

Le rêve m'avait ému par son énergie et sa touchante simplicité. J'y entrais en contact avec mon féminin malade. Mon anima avait la fièvre et, au moment où j'allais entreprendre de longues années d'études, elle me criait qu'elle était devenue allergique à la poursuite de mes idéaux typiquement mâles, dont le féminin se trouvait exclu. C'est sans doute pour cela qu'au début du rêve, afin d'entrer en contact avec Maria, je faisais faux bond aux valeurs masculines traditionnelles représentées par le séminaire.

Tout impressionné que j'étais, il n'était pourtant pas question que je change mes plans: je poursuivis mes études. Deux ans plus tard, à la toute fin de ma première année à l'Institut C. G. Jung de Zurich, je tombai gravement malade. La fièvre de Maria s'était transformée en colite ulcéreuse, une maladie *inflammatoire* de l'intestin. Il s'agit d'une affection chronique qui implique la prise de médicaments à vie et entraîne de forts risques de cancer du côlon. Depuis longtemps, j'avais oublié le rêve de Maria, et mes crises revenaient dès que je vivais des périodes de stress importantes. La dernière, qui remonte à l'automne 1985, a duré cinq mois. Pendant ces cinq mois, j'ai perdu du sang tous les jours et même plusieurs fois par jour. Devenu réfractaire aux médicaments, ma maladie s'était mise à progresser. Je fus alors pris de panique.

Soudain, je compris que je ne pourrais jamais vaincre mon mal. Pour guérir, il fallait que j'accepte ma maladie comme mon maître intérieur ou, plus justement dans ce cas-ci, comme ma maîtresse intérieure. Il fallait que ma raison se plie, que j'obéisse, peu importe le prix que j'aurais à payer, dussai-je en perdre mon « honorable » profession. Je décidai, dans la solitude d'une diarrhée de sang, parce que j'étais désespéré et que je n'en pouvais plus, de me mettre à l'écoute de ma fièvre. Un sens y était caché; un dieu se tenait tapi dans cette sourde révolte de mes entrailles, je devais acquiescer à ma « corporalité ». Ce jour-là, j'ai laissé de côté une aberration qui voulait que mon corps soit une entité séparée du reste de ma personne, une simple bête de somme ou une machine sans âme.

La maladie m'obligea à prendre conscience de mon héritage génétique, ces traces profondes de l'évolution millénaire qui subsistent en nous et que nous ne pouvons transgresser impunément. J'appris que l'homme, pour survivre, avait d'abord mangé des noix, des feuilles, des racines, des céréales brutes et des fruits, et qu'il s'agissait là de sa meilleure nourriture, celle que l'organisme peut assimiler le plus facilement. À travers mon corps, je redécouvrais l'histoire de l'évolution animale. Notre corps est le produit d'une adaptation progressive à l'environnement et il est indissociable de sa niche écologique.

La guérison, la sortie de huit ans de malaises qui m'avaient rendu verdâtre, faible et anémique, fut foudroyante. Après quelques semaines d'un régime d'alimentation naturelle[3], je cessai de perdre du sang et, après quelques mois, ne prenais plus aucun médicament. Ce fut une seconde naissance, je retrouvai une vitalité et un plaisir de vivre que je n'avais connus que pendant mon enfance. Ayant passé tant de temps à taire ma révolte, avec la conviction que je serais malade pour le restant de mes jours, j'avais l'impression de revenir d'entre les morts.

Quand on a connu un tel amoindrissement, recouvrer la santé a une saveur indescriptible. On mord dans la vie à belles dents, chaque instant devient précieux, la pensée même de la mort devient une compagne positive, un stimulant pour vivre plus éveillé, pour profiter de tous les instants. La maladie m'a rendu la vie et, sans elle, je ne connaîtrais jamais ce sentiment ni cette sensation fortement ancrée dans le corps de participation enthousiaste et vigoureuse à l'existence. J'ai l'impression que le fait d'être vivant est une bénédiction, et que nous sommes sur terre essentiellement pour nous éveiller à cette grâce et la célébrer. La maladie m'a servi de rite initiatique.

---

3. Ce régime m'a été proposé par le Dr Blanche-Neige Royer Bach-Thuet, médecin naturopathe. Je ne peux faire autrement que de considérer celle-ci comme ma « salvatrice ».

La dépression initiatique

Lorsque nous sommes adolescents, toutes les possibilités s'offrent à nous, nous rêvons de tout devenir. Mais la réalité des hasards et des choix à faire nous oblige à prendre une voie. Nous ne sommes pas des dieux tout-puissants, nous ne pouvons pas tout être. La vie nous compromet irrémédiablement, elle nous particularise et nous individualise. Fini, le héros collectif, porteur admiré d'une cause idéaliste. Finie, la belle rébellion. Adieu veau, vache, cochons, couvée. Le pot est cassé, il faut vivre.

L'idéal brisé

La vie mutile sauvagement nos idéaux, comme si dans l'étreinte noire de l'existence matérielle un secret devait être découvert, un secret qui semble se gagner par la souffrance. La mutilation de l'accident, comme celle de la solitude ou de la rencontre avec soi représentent une sortie du paradis terrestre, nous voici chassés du ventre de la mère-monde. Où es-tu mère de toutes les bontés, douceur infinie ? Où es-tu vie fœtale, tropicale et douce ? Pourquoi faut-il vivre les armes à la main ? Une brutale réalisation voit ainsi le jour : on n'est pas le fils choyé des dieux, le fils divin, l'élu de tous les élus qu'on avait cru être en imagination. Le destin a osé porter la main sur son fils chéri qui, la révolte au cœur contre ce ciel qui l'a abandonné, doit se résoudre à partager l'humaine imperfection.

Voici le rêve que Gaston, quarante ans, me présente alors que sa femme vient de le chasser du foyer.

> *« Je me trouve dans une chambre, assis sur un lit avec mon beau-frère ; celui-ci me tend un sac à déchets en plastique dans lequel je trouve un cadeau que j'ai offert à ma femme. Il s'agit d'une sculpture que j'affectionne particulièrement et qui représente un château. Or, le château a éclaté en morceaux et je me demande, perplexe, si je dois tenter d'en recoller les parties. »*

Le château représente l'idéal brisé, mis en miettes par la dureté de la vie. Ce client souffre énormément du bris de l'unité familiale, cette cellule originelle qu'il choyait peut-être plus en imagination qu'en réalité. Il a toutes les peines du monde à accepter que le destin s'attaque ainsi à cette perfection initiale, d'autant plus qu'il a connu une enfance difficile auprès de parents séparés.

Pour plusieurs, ce genre de naufrage sera un voyage à sens unique ; ils deviendront cyniques, leur coque est trouée, ils ne remonteront jamais à la surface. Pourtant, la dépression peut servir de tremplin vers le changement, à condition de l'accepter et de la vivre pleinement, avec ses tripes. Il faut accepter de passer par le désespoir pour faire le deuil des désirs impossibles.

Quand ça descend vite en maudit

« J'ai l'impression que quelqu'un m'a jeté en bas de l'Empire State Building, pis ça descend vite en maudit ! » Voilà comment s'exprimait un de mes amis venu me voir d'urgence à l'heure du lunch. Il ne se comprenait plus, il était en pleurs. Il venait de s'écrouler après plusieurs mois de surmenage. Il avait accumulé des milliers de dollars de dettes en quelques semaines. Et maintenant, il pouvait à peine poser un pied devant l'autre et n'osait plus sortir de chez lui tellement il avait peur.

La véritable bête noire de notre société se nomme la dépression. Aujourd'hui, pour qu'elle soit moins effrayante, on l'appelle *burnout*. Un à un, je vois tomber parents, clients ou amis dans de noires profondeurs ; du jour au lendemain, le manque d'énergie s'attache à eux. Hier encore si vaillants, voilà qu'ils n'ont plus la force d'aller travailler parce que les étourdissements les retiennent à la maison. Les voici confrontés à leur tour avec le vide, la petitesse et le besoin.

Tous croient qu'il ne s'agit que d'un mauvais moment à passer, mais cela dure ! Alors ils se rebellent. On a beau leur répéter que c'est peut-être un changement pour le mieux qui se prépare ainsi, qu'ils vivent ce *down* parce qu'ils n'ont pas respecté ce qu'ils sont intrinsèquement, rien à faire ! Ils acquiescent mais, au fond, ils n'en croient pas un mot. Aussitôt qu'ils auront retrouvé un peu d'énergie, ils tenteront pathétiquement de se relever et de reprendre le travail de plus belle, pour sombrer quelques mois plus tard dans un malaise encore plus grand. Épuisement, grippes répétées, bronchites qui n'en finissent plus, insomnies, ils se battent contre leur nature avec l'énergie du désespoir, pour ne pas perdre la face, pour montrer aux autres qu'ils sont « capables d'en prendre ». S'ils savaient combien la maladie mentale qu'ils fuient est bien moins grave que celle dont ils sont prisonniers !

Ils refusent la transformation de leur univers habituel, ils rejettent cet amoindrissement de leur héroïsme quotidien. Ils craignent les personnages qu'ils entrevoient dans leurs cauchemars : l'enfantin, le boiteux, l'arriéré, le singe, le délinquant. Ils ne saisissent pas que l'âme créatrice apparaît toujours sous son aspect déformé. Le dieu grec Héphaïstos, dieu de la créativité, n'était-il pas si laid que sa mère, Héra, l'avait jeté du haut de l'Olympe à sa naissance ?

La créativité, la nouveauté en nous, se présente souvent sous un aspect horrifiant, sous un aspect rejeté par la famille et par la société. Cela est représenté dans le mythe par le geste éloquent d'Héra. Héphaïstos, le créateur, est seul. Il ne participe pas à la vie de l'Olympe et à l'héroïsme des dieux et des déesses ; il nous fait peur. Sa monstruosité est d'ailleurs le miroir de notre crainte. La dépression créatrice, comme la mort, s'adresse toujours à l'individu seul. Elle le retranche, le particularise, sans doute quand il embrasse trop pleinement l'idéal collectif et lui sacrifie sa propre individualité.

La créativité a besoin du désordre chronique pour exister. Lorsque tout est en ordre, c'est la stagnation. Pourtant, nos désordres nous terrifient. Nous ne croyons pas en la présence d'un dieu, en la présence d'un sens enfoui dans la maladie. Un ami souffrant d'un ulcère sévère se vit déclarer de but en blanc par un psychosomaticien que sa maladie était la partie la plus saine de sa personnalité. Son ulcère l'empêchait de se perdre dans ses fausses idées sur lui-même et l'obligeait à vivre selon sa véritable nature.

Avoir peur de son ombre

La plupart des individus ne font pas confiance à leurs ressources intérieures, ils en sont même terrifiés. De fait, la plupart des gens se doutent déjà, avant même d'entrer dans un bureau de thérapeute, de ce qu'ils ont à faire pour améliorer leur vie. Mais ils ont peur, peur de ce qu'ils portent, peur de leurs désirs, peur de leurs capacités.

L'ombre, qui montre son visage odieux dans la dépression, est une partie de nous-mêmes que nous jugeons inférieure et que nous cachons. L'ombre est le petit frère obscur que nous ne voulons montrer à personne. La plupart du temps, nous nous en débarrassons en projetant à l'extérieur, sur les autres. Nous trouvons qu'un tel est hypocrite, ou qu'un autre est complaisant, ou que les immigrants sont paresseux. Il s'agit de dimensions de nous-mêmes que nous avons évacuées pour ne pas les voir. Elles finissent par nous manquer et leur absence appauvrit notre personnalité.

Qu'est-ce qui fait que nous avons tellement peur de notre ombre ? N'est-ce pas l'échec de nos beaux rêves de grandeur et de perfection ? N'est-ce pas parce que nous réalisons que ce que nous avons toujours dénigré chez les autres nous appartient aussi ? Quand la belle image du moi tombe, toute la personnalité est entraînée avec elle dans la grisaille. L'individu découvre qu'il n'est pas parfait. Il se rend compte que son point de vue n'est pas absolu, mais relatif. Un homme prend alors conscience de ses besoins intérieurs profonds : besoin de l'autre, besoin d'amour, besoin d'affection et de compréhension. Alors la pseudo-indépendance fait place au constat douloureux d'une dépendance extrême. Lorsque nous comprenons que personne ne nous doit rien, que nous sommes responsables de ce qui nous arrive et que nous ne sommes pas d'innocentes victimes, nous devenons, du même coup, responsables d'aller chercher la part de possible dans nos désirs. La prise de conscience de l'ombre marque la fin du rêve impossible d'un monde magique et empathique où tous nos désirs seraient réalisés sans que nous ayons à payer de nos vies.

Dans la merde

Les alchimistes disaient que la matière première de leur œuvre de transformation était ce que tout le monde foulait aux pieds et méprisait. Conséquemment, certaines représentations les montrent les pieds dans le fumier. Bien entendu, ce fumier a un sens psychologique, puisque les alchimistes ne recherchaient pas l'or commun, qu'ils appelaient l'or du vulgaire, mais l'or philosophique, celui qui est né du travail sur soi. En d'autres mots, l'œuvre de transformation intérieure commence quand nous sommes « dans la merde ».

Un rêve de Gaëtan, l'homosexuel, illustre bien cette réalité. Il avait retourné son agressivité contre lui-même parce que son père, alcoolique et violent, l'avait constamment dénigré. Il souffrait d'un désespoir profond et, plus jeune, avait tenté de se suicider à quelques reprises. Je ne fus pas très surpris lorsqu'il fit ce rêve.

> *« Je suis dans la cuisine de la maison familiale, en train de discuter avec ma mère. Soudain, un trou s'ouvre au beau milieu du plancher et je me retrouve dans la cave. Là, il y a un singe qui joue avec un plaisir évident dans deux immenses tas de merde. Je suis complètement dégoûté. »*

Toute la vitalité et le plaisir de vivre de cet homme se trouvaient dans l'inconscient, et le singe qui s'amusait dans les tas de merde représentait l'ombre instinctive qu'il avait toujours refusée. D'ailleurs, ce singe contrastait on ne peut plus avec la mise impeccable et les bonnes manières de Gaëtan. Malheureusement, en s'aseptisant outre mesure, le moi s'était condamné à la crise. Je vis dans ce rêve un bon pronostic, car la matière première, si répugnante au moi, était bien là !

Roger, l'homme au tigre, pour sa part, me présenta ce rêve, dont je ne livre que la première partie :

> *« J'ai chié dans mes culottes. Je suis avec un groupe de gens et je ne peux pas sortir, aussi devrai-je rester assis et attendre avec les*

gens qui m'entourent. Finalement, je décide de chercher une salle de bains pour nettoyer tout ça. Je cherche partout ; j'en trouve plusieurs dans différents édifices en décrépitude, mais les toilettes n'ont pas de siège. »

Le roi n'a donc plus de « trône » pour s'asseoir ! Le moi est détrôné, et ayant perdu sa position confortable, Roger a peur de ce que les autres vont penser. Les vieux immeubles décrépits, dont Roger doit faire le tour pour se soulager et se laver, représentent les vieilles parties de sa personnalité, son passé. Ce sont des parties laissées à l'abandon et qui retournent lentement à l'état sauvage, non civilisé. Voici les premiers abords du pays de l'ombre : le passé qu'on a laissé derrière soi et les potentialités non explorées. La décrépitude des édifices désigne « l'arrière-cour, l'arrière-salle d'une personnalité », là où règne « l'irrémédiable désordre » que nous nous évertuons si bien à masquer[4]. Pourtant, c'est ici même que l'âme est au travail, dans la merde et dans la pourriture, « rebrassant » les anciens éléments pour en faire de nouveaux.

L'équilibre en nous

L'astrophysicien Hubert Reeves disait récemment, au cours d'une entrevue, que nous n'avons pas encore mesuré l'ampleur de la catastrophe résidant dans le fait que nous sommes parvenus à maîtriser la nature. Plus rien ne s'oppose à nous. Or, nous avons besoin de quelque chose qui s'oppose à notre volonté, qui ne se plie pas à nos désirs, sinon nous deviendrons fous.

Le moi ébranlé

Je crois que la maladie représente ce quelque chose qui n'obtempère pas à ce que nous voulons. Elle est précieuse parce que nous ne la

4. À ce sujet, voir l'excellent article de James HILLMAN : « La Culture et la chronicité du désordre », dans *La Petite Revue de philosophie*, vol. 9, n° 2, Collège Édouard-Montpetit, Longueuil, 1988, p. 12-25.

fabriquons pas ; elle est un réflexe irrépressible de notre nature la plus profonde. La maladie nous rappelle qu'il y a un équilibre objectif en nous. De même, la maladie de l'environnement nous rappelle qu'il y a des lois physiques que nous ne pouvons pas transgresser. Ce sont des manifestations de l'Autre, de l'existence objective du monde et de la psyché.

L'élément fondamental des deux rêves qui précèdent se situe d'ailleurs dans l'action involontaire qui les régit : le premier rêveur se retrouve, contre toute attente, dans le sous-sol rempli de merde de sa maison natale ; tandis que le second a perdu le contrôle de ses sphincters. Ces mouvements involontaires symbolisent les mouvances autonomes de la psyché. Prendre conscience de cette autonomie de l'inconscient est ce qui ébranle le plus l'individu, parce que cette prise de conscience signifie la fin de l'illusion de pouvoir que chérit l'ego.

La dépression durera tant que le moi n'aura pas abandonné ses prétentions au contrôle absolu et qu'il ne sera pas résolu à compter avec son partenaire intérieur. Elle persistera tant que l'individu n'aura pas compris qu'elle représente en clair la mutinerie des forces intérieures qui veulent ainsi signifier au capitaine du bateau qu'il navigue peut-être en suivant les étoiles – les idéaux collectifs –, mais qu'il malmène son équipage. La psyché demande plus de démocratie.

En un tour de main

Nous vivons de plus en plus vite, nous faisons tout « en un tour de main ». Mais combien de temps un être ou une civilisation peuvent-ils tourner ainsi sur eux-mêmes ? Les étourdissements et les vertiges du nombre croissant de déprimés, en « perte de vitesse », donnent une réponse à cette question. Les symptômes des malades mentaux que la psychologie tente de réduire à des facteurs personnels et subjectifs sont en fait des renseignements objectifs sur l'état de santé, ou plutôt l'état de maladie de notre civilisation. La maladie mentale est le baromètre de notre société. Elle nous met en face du fait qu'un équilibre objectif, qu'une intelligence est à l'œuvre dans l'univers.

La dépression et la maladie mentale sont des phénomènes hors de notre contrôle, qui viennent nous rappeler que nous ne sommes pas seuls. Nous devrions les accueillir comme de véritables sauveurs qui viennent enfin nous sortir d'un monde où tout est à notre image. Pour devenir réels, nous devons nous mettre à l'écoute de la réalité de l'autre. En reconnaissant une substance et une intelligence à ce qui nous entoure et nous habite, nous gagnons une substance et une réalité.

J'ai dit plus tôt que le père joue un rôle fondamental dans la structuration psychique de l'enfant. En bloquant la réalisation du désir incestueux, il permet la naissance de l'intériorité du fils, défaisant ainsi la fusion entre le moi et l'inconscient. C'est précisément ce que la dépression vient faire. Elle confronte l'individu à la réalité de son intérieur en le frustrant de ses possibilités d'agir. Aujourd'hui, le rituel ancien s'est intériorisé; parce que nos pères sont manquants, nous nous couvrons des cendres de la dépression pour renaître.

CHAPITRE SEPT

Le silence brisé

Guérir

Pour sortir de la dépression ou guérir la blessure du masculin, il existe des recours pratiques et psychologiques qu'il est bon de connaître. Certains s'adressent à l'individu seul, d'autres concernent un changement collectif d'attitude. Tous visent à améliorer le rapport que les hommes entretiennent avec eux-mêmes et avec les autres.

Se détacher de soi

Où mène l'intégration de l'ombre ? Où mène le passage par la porte étroite de la dépression ? Où mène le travail sur soi ? Quand un individu a moins d'énergie pour affronter le monde extérieur, il devient moins susceptible devant ce que les autres pensent de lui, son système de défense se relâche. Il se met alors à prendre des risques et à s'affirmer. Il se rend compte, avec stupéfaction, qu'au lieu d'être rejeté lorsqu'il prend sa place, il est respecté. Et il se demande pourquoi il a passé tant d'années à se cacher. En montrant son ombre, il sort lui-même de l'ombre.

Il se rend compte aussi qu'il y a quelque chose d'objectif dans les circonstances de son destin. Il réalise qu'il n'y a pas de honte à avoir connu la pauvreté dans son enfance, ou à avoir eu un père alcoolique. Il sait maintenant d'où viennent sa rage et son avidité. Il sait que ses humeurs ont une histoire, une histoire qu'il comprend et dont il peut répondre. Prendre conscience de ses motivations profondes et obscures lui offre la possibilité de cesser de répéter inlassablement les mêmes drames sordides. S'il n'est pas responsable de son destin objectif, il est responsable d'en tirer un sens pour sa vie à lui.

Le chemin de la responsabilité est le chemin de la liberté. Quand il ne se dit plus que c'est la faute des autres, un monde nouveau s'ouvre à l'individu. S'il se comprend et s'accepte lui-même, il se sentira plus apte à accepter les conséquences de ses actes. Il n'aura plus besoin de quémander sans cesse la compréhension des autres, ou à se montrer servile pour l'obtenir.

Mais la prise de conscience de l'ombre vient briser à tout jamais l'idéal de perfection de l'individu et celui-ci va réaliser qu'il ne sera jamais « parfait », qu'il n'aura tout simplement pas assez de sa vie pour changer tout ce qu'il n'aime pas en lui. Il réalise du même coup que le changement ne peut être conçu comme une progression horizontale et linéaire. Sera-t-il vraiment plus heureux quand il sera plus discipliné ou propriétaire d'une maison ? S'il n'est pas satisfait actuellement avec ce qu'il est au moment présent, le sera-t-il plus dans un futur lointain ? Est-il si important d'être ceci ou cela, comme ceci ou comme cela ? Ne serait-il pas préférable de changer de niveau et de cultiver une attitude d'acceptation globale de ce que l'on est ? Paradoxalement, le changement devient souvent possible lorsqu'on n'y tient plus.

Le détachement de soi permet à un être de goûter profondément à l'existence, aux personnes qui l'entourent et à sa propre personnalité. Loin de produire une distanciation de la vie, le détachement permet de s'y engouffrer profondément. L'homme qui prend conscience de sa relativité prend en même temps conscience de la relativité des autres. Dans un monde où il n'a plus besoin de marcher sur des œufs, il peut respirer. Conscient de son ombre, il ne craint plus que les autres se transforment en tigres agressifs et lui sautent au visage. Il peut prendre plaisir au jeu des interdépendances.

La grande leçon du passage par l'ombre est la tolérance. La découverte de sa propre vulnérabilité rend un être plus tolérant envers les faiblesses de ceux qui partagent sa vie. Son propre besoin d'écoute et d'attention l'incitera à en donner à autrui. Le constat de son irrémédiable dépendance lui permettra de supporter celle des autres vis-à-vis de lui. Il cessera d'être tyrannisé par les demandes de son entourage, mais il arrêtera aussi de les tyranniser avec les siennes. Le monde de la gratitude s'ouvre à lui parce qu'il sait que rien ne lui est dû et que malgré tout, gratuitement, quelqu'un lui tend la main.

Le dialogue intérieur

Guillaume, un grand roux à la stature de Viking, arrive à sa séance triste, déprimé et agressif. Ce matin-là, son amie s'est montrée froide, peu compréhensive et pressée d'aller travailler. Il est submergé par ses sentiments négatifs. S'il demeure possédé par eux, il restera fermé et agressif jusqu'à ce que son amie répare d'une façon quelconque son manque d'attention. S'il fait un pas de côté, il pourra alors dialoguer avec sa mauvaise humeur, c'est-à-dire la laisser se symboliser sous forme d'images.

Pour Guillaume, les images qui montèrent spontanément furent des souvenirs d'enfance. Il se revoyait protestant furieusement pour ne pas être envoyé à l'école, ou fâché parce que sa mère montrait une préférence pour son frère. Il se rendit compte alors qu'il interprétait la situation qu'il vivait avec son amie en utilisant le filtre du passé. Il prêtait à sa partenaire des sentiments qui ne lui appartenaient pas et qui étaient les siens. Il l'avait accusée d'être plus froide et plus distante qu'elle ne l'avait été.

Sa tristesse ne disparut pas pour autant – il fallait encore qu'il s'expliquât avec sa partenaire –, mais il cessa d'être emprisonné dans le silence rageur de sa déception. Il pouvait bouger de nouveau, il avait gagné un peu de liberté intérieure. Cette objectivation lui permit, par la suite, d'exprimer son besoin réel à son amie au lieu de perdre son temps en revendications rageuses. Et elle lui permit, du même coup, de comprendre aussi qu'il s'agissait là d'une partie particulièrement vulnérable de sa personnalité. Sa partenaire n'était pas responsable de son passé, il devait apprendre à se consoler tout seul.

Nous possédons la magnifique possibilité de pouvoir prendre conscience de ce que nous vivons à tout instant par la voie des images. Quand on y pense, cette simple capacité d'objectiver nos états d'âme est la caractéristique qui nous différencie le plus de l'animal. Elle signifie que nous ne sommes plus liés absolument aux automatismes de l'espèce. Et elle s'avère être un facteur d'évolution providentiel.

La thérapie

La psychothérapie est l'un des moyens les plus en vogue pour régler des problèmes psychologiques. Cependant, qu'il s'agisse de psychanalyse jungienne, de psychanalyse tout court ou de tout autre mode thérapeutique : *il n'y a pas de méthode magique !* Il n'y a pas de mûrissement psychologique sans un long et lent travail sur soi. Si une thérapie brève peut colmater une crise, il ne faut pas oublier que le but à long terme de toute thérapie qui se respecte est le développement chez l'individu d'une capacité de relation spontanée avec lui-même et avec les autres. Il est illusoire de penser que l'on peut corriger en quelques mois ce qui a pris des années à se cristalliser.

Mais quel thérapeute choisir ? Un homme ou une femme ? Spontanément, puisque c'est d'identité masculine dont nous parlons, je dirais un homme. Mais il se peut que le rapport d'un individu avec son père soit tellement endommagé, qu'il nourrisse tellement de méfiance envers la gent masculine qu'il se trouve incapable d'entreprendre un processus thérapeutique avec un homme. Dans ce cas, il est beaucoup mieux d'enclencher le processus avec une femme et, plus tard, s'il y a lieu, de travailler avec un homme.

Dans un autre ordre d'idées, une thérapie, pour être efficace, doit toucher le monde des émotions. Si elle ne vous dérange pas, dans un sens agréable ou désagréable, c'est qu'elle n'en vaut pas la peine. Les noyaux des complexes sont affectifs et, pour profiter de la vitalité qui y demeure enfermée, il faut toucher aux sentiments. Ce qui rend la thérapie difficile, compliquée et douloureuse, c'est notre résistance à accepter ce qui vient des profondeurs de notre être.

Dans la thérapie, il ne s'agit pas tant de « faire quelque chose » que de se laisser travailler par les différentes âmes qui nous habitent. En laissant monter ce qu'il y a en lui, en s'y abandonnant de plus en plus, un individu retrouve son centre. Il reprend ainsi le cours de la vie qui doit être la sienne.

La thérapie vise l'exploration du monde psychique et cette exploration, à son tour, vise la jouissance par un individu de sa nature objective. La thérapie a pour but l'établissement d'un *rapport vivant* avec soi-même. Elle n'a pas pour but la perfection. Encore une fois, il est impossible de changer tout ce que l'on voudrait changer chez soi. S'il est important de s'améliorer, la plus grande amélioration est celle qui permet à un être de commencer à « s'aimer tel qu'il est ». Il s'agit donc beaucoup plus d'un changement d'attitude que d'un changement de comportements. Nos comportements sont notre écorce extérieure ; quand le cœur change, ils suivent eux aussi.

La thérapie, à son meilleur, devrait être une entreprise de désubjectivisation, c'est-à-dire un endroit où un être éclaircit suffisamment sa vie personnelle et ses mobiles propres pour en réaliser la structure commune et universelle. « L'intime est mondial », disait le philosophe Gabriel Marcel. Comme je le disais plus haut, le détachement par rapport à soi qui se produit alors permet à un individu d'être libre de lui-même. Il peut s'engouffrer sans crainte dans les réalités multiples de son être et de sa vie, et prendre plaisir au miracle d'être humain et de vivre.

Les groupes d'hommes

Il n'y a pas que la thérapie individuelle. En ce qui concerne le renforcement de l'identité et de la confiance en soi, les groupes d'hommes peuvent, comme je le disais plus haut, agir comme de véritables ventres symboliques où peut avoir lieu la seconde naissance, la naissance par le masculin.

Ils ont l'avantage de dédramatiser les problèmes. On y entend des hommes très différents parler d'expériences semblables. Ces échanges sortent les hommes de l'isolement dans lequel une séparation, par exemple, a pu les plonger. En se rendant compte que les autres aussi vivent des problèmes, le sort individuel s'allège. Ces échanges sont la plupart du temps très fructueux.

Malheureusement, ces groupes sont peu nombreux à l'heure actuelle. Il faut donc prendre son courage à deux mains et former un tel groupe d'échange avec des pairs. De tels groupes d'entraide peuvent fonctionner avec ou sans personne-ressource, mais si on travaille sans personne-ressource, il vaudrait mieux s'en tenir à un groupe de quelques personnes seulement.

Les amitiés masculines

Trop d'hommes vivent coupés et isolés de la communauté mâle. Avoir des amis masculins et cultiver ces amitiés ne peut être que bénéfique. La fragilité constante de l'identité masculine nécessite l'entretien des amitiés. L'identité n'est jamais assurée une fois pour toutes. Un homme est toujours en danger de régresser par rapport à son identité, de retomber dans la froideur, de se refermer ou de fuir dans sa tête. Les amis encouragent la présence au monde, que ce soit des amis qui partagent nos activités sportives, notre table ou nos questionnements psychologiques.

Les lunettes psychiques

Dans les groupes d'hommes, j'ai réalisé que tous les hommes étaient plus ou moins tributaires d'un modèle univoque du masculin dont ils n'avaient jamais pris conscience. Heureusement, le dépoussiérage du panthéon grec, accompli entre autres par la psychosociologue Ginette Paris[1] et l'analyste James Hillman, nous laisse entrevoir d'autres façons d'être homme. Il ne s'agit pas de retourner en arrière mais de sentir l'éternel masculin qui se profile derrière les figures anciennes. Celles-ci peuvent nous servir à évaluer les forces que nous laissons dans l'ombre et qui pourraient nous indiquer la voie à suivre.

Par-dessus tout, il s'agit de sortir de la rigidité des modèles et de laisser se mouvoir l'âme en nous, que ce soit l'âme guerrière, l'âme sentimentale ou l'âme homosexuelle. Le monothéisme de la pensée occidentale a fait de nous des hommes *désâmés* au sens propre. C'est pourquoi James Hillman parle aujourd'hui de redécouvrir le polythéisme de l'âme.

Il utilise le concept de « lunettes psychiques » pour décrire l'effet que chaque âme a sur nous. Certains jours, nous regardons la vie avec nos lunettes de vieillard, alors tout nous semble pénible. D'autres jours, nous l'entrevoyons à travers nos lunettes d'adolescent, tout nous semble alors possible. Nous arborons parfois un regard meurtri, ou un regard enjoué. Quelquefois, nous avons les yeux du penseur, d'autres fois, ceux du sensitif. Il s'agit de différencier ces regards pour qu'une nouvelle flexibilité psychique puisse voir le jour. Nous pouvons même en arriver à choisir nos lunettes selon les événements. La différenciation psychologique demeure le meilleur garant de liberté.

Aujourd'hui, Arès, le guerrier, nous habite, mais hier c'était Hermès le diplomate, et la semaine dernière il s'agissait d'Apollon, féru d'équilibre et de sagesse. Les déesses nous visitent elles aussi. La belle

1. PARIS, Ginette, *Le Réveil des dieux, la découverte de soi et des autres à travers les mythes*, Éd. de Mortagne, Boucherville, 1981, 332 p. (L'auteur y traite de Dionysos, d'Apollon, d'Hermès et de Zeus dans le monde contemporain.)

Aphrodite nous mouille de sensualité; Déméter, la mère généreuse, nous rend débonnaires ou mortellement vengeurs; Athéna, la guerrière intellectuelle, patronne des Arts, nous inspire; Perséphone nous rend secrets; Héra nous rend héroïques et Artémis nous entraîne à sa suite dans la solitude des bois.

Tous et toutes nous demandent d'entrer dans leurs danses. Ils peuvent nous apporter joie et bonheur, mais ils peuvent aussi nous damner. Il n'en tient qu'à notre attitude. Chacun, chacune possède son propre mystère, chacun, chacune règne sur une dimension du réel et nous appelle à la découverte de la vie. Tant que nous ignorons avec qui nous dansons, nous sommes comme des marionnettes au bout d'un fil, agités malgré nous par d'invisibles maîtres.

La façon de concevoir du polythéisme psychologique a l'avantage de nous sortir du monolithisme de notre attitude et de nos pensées. Elle nous délivre non seulement de la rigidité dans nos façons de vivre le masculin, mais elle nous délivre aussi de l'épineuse question des différences sexuelles. Les dieux et les déesses s'adressent aux hommes et aux femmes sans distinction. Le polythéisme nous permet de sortir de cette ridicule division des qualités entre les sexes qui persiste encore. Les hommes sont « forts et intellectuels »; les femmes sont « sentimentales, sensibles et vulnérables ». Cela a pour conséquence que si un homme se sent soudain fragile et au bord des larmes, il se sent automatiquement « moins homme ». Comme si tout à coup il était jeté en dehors de sa propre peau et se trouvait diminué parce qu'il se sent plus « féminin ». Il y a un terrible mépris de la femme dans une telle attitude. Malheureusement, il s'agit d'une méprise commune qui afflige toute notre culture.

Il est vrai que les hommes doivent récupérer leur agressivité enfouie dans leur corps. Mais le véritable réveil de cette vitalité ne saurait se faire sans leur participation entière au monde du sentiment et de l'émotion, dimension qui se trouve sans cesse projetée sur la femme. Aujourd'hui, les hommes n'ont plus à secourir la femme extérieure, ils ne peuvent plus lui prêter une détresse qui, de fait, leur appartient.

Cendrillon et La Belle au bois dormant parlent de l'anima réprimée des hommes, de leur univers émotif endormi et méprisé, asservi et négligé.

La vulnérabilité, les sentiments, l'intellect, la force, le courage n'appartiennent ni aux hommes ni aux femmes. Ils sont l'héritage commun de l'humanité. L'émotion appartient à tous les êtres humains. Comme le dit Maurice Champagne-Gilbert: « Ce n'est pas la conquête de l'espace et d'un super-progrès technique qui devraient occuper la condition masculine, mais la conquête d'une nouvelle relation à la vie pour les hommes, où les valeurs traditionnellement étiquetées comme féminines soient réassumées par les hommes comme des valeurs *d'être*[2]. »

L'importance fondamentale de la conquête de notre identité masculine réside dans le fait que nous deviendrons alors de meilleurs êtres humains. L'identité sexuelle est une fondation, à la limite une simple façon d'appréhender le réel. Toujours, il s'agit de parvenir à l'unité du vivant. Peu importe si les mythes ou les stéréotypes en prennent pour leur rhume.

Se paterner

Nos pères sont absents. L'organisation sociale patriarcale qui a permis aux générations mâles précédentes de se tenir debout s'érode, et les rites initiatiques n'existent plus. Pourtant, la soif d'une présence paternelle demeure inscrite en nous. Nous connaissons un problème d'identité qui nous dépasse et auquel nos aînés ont pour seule et unique réponse: « Serre les dents, ça va passer. » Ils ne comprennent même pas de quoi nous parlons. Certains d'entre nous trouvent dans une carrière importante aux yeux du père une compensation pour étancher leur vide intérieur; d'autres ont la chance de rencontrer des pères substituts. Mais force est d'admettre que longtemps le désir profond d'une reconnaissance par le père demeure dans un homme.

Faire le deuil du père idéal et pardonner à son père réel

Il y a donc lieu de nous arrêter et de réfléchir à nos attentes par rapport au père. Notre désir est insatiable parce qu'au fond nous recherchons une reconnaissance par un père archétypique, un père qui aurait toutes les qualités possibles et imaginables. Nous le voudrions sportif, capable de nous initier à l'exercice physique. Nous le voudrions amant de la nature et nous ayant initiés à la chasse et à la pêche. Nous le souhaiterions intellectuel, nous ayant amenés à lire et à réfléchir. Nous l'aimerions artiste, nous ayant ouvert les yeux sur les merveilles de l'imaginaire. Nous le voudrions parfois père autoritaire et ferme, père-compagnon…

À la vérité, de telles exigences dépassent les capacités de tout être humain. Nous exigeons de nos pères ce qu'ils ne peuvent nous donner. Ils ne sont pas des dieux, ce sont des hommes. D'ailleurs, les initiations tribales ancestrales n'étaient pas l'affaire du seul père personnel, mais *des* pères de la tribu. Un homme a besoin de plusieurs modèles masculins pour parvenir à sa propre individualité.

Le fils adulte doit accepter de faire le deuil de ses idéaux de paternage. C'est dans ce deuil qu'il apprendra à se paterner et à remplir son vide par la créativité. Passer du fils à l'homme signifie cesser de se plaindre et d'appeler ce père idéal pour se laisser appeler par cet idéal lui-même. La tâche de ceux qui ont tant manqué de père est de devenir les pères qu'ils ont désiré avoir. Qu'ils deviennent les pères d'enfants réels ou d'enfants culturels, peu importe. Dans le domaine psychologique, nous pourrions dire que nous ne pouvons donner réellement que ce que nous n'avons pas reçu. C'est là que réside le mystère de la créativité humaine.

Le psychanalyste Stephen Shapiro affirme : « Nous avons remarqué qu'accepter de souffrir la fin d'une illusion de sollicitude parfaite [de la part d'un père] est ce qui permet à un homme d'émerger du trou laissé par le père absent et de le remplir de sa propre présence[3]. » Le vide produit en nous par nos pères manquants nous donne la chance de devenir homme ; à condition d'en finir avec nos lamentations perpétuelles et de nous prodiguer nous-mêmes les soins et l'attention que nous avons attendus en vain.

Il nous est difficile de pardonner à nos pères, tant il nous semble qu'ils ont fait preuve de pure lâcheté, tant il nous semble qu'ils nous ont trahis et désertés. En réalité, la plupart du temps, ils ont fait leur possible. Ils ont été de bons protecteurs et de bons « gagneurs de pain » dans plusieurs cas, et ils se sont souvent sacrifiés pour payer nos études. Mais ils n'étaient pas là pour nous parler et pour guider. C'est comme ça, on ne peut rien y changer. Oui, il y a eu un manque. Oui, nous sommes restés pris trop longtemps dans les jupes à maman à cause de cela. Mais le temps est venu de pardonner. « Le silence de nos pères représente soit une tentation de céder à la rage soit une occasion de parler. Le choix est nôtre[4]. »

« La dénigration contemporaine des pères et de l'autorité est faite de la mythologie d'un papa absent et idéalisé, du fait que nous nous accrochons amèrement à des sentiments de trahison et d'abandon, d'un refus de souffrir la présente situation et d'un empressement infantile à [nous] rebeller contre [nos] propres engagements[5]. » Shapiro dit que notre vision d'un père absent est mythologique en ce sens qu'elle est le produit d'un complexe paternel négatif qui nous fait voir uniquement les manques de nos pères et qui nous fait oblitérer leurs bons côtés. Il est vrai qu'il est difficile de mettre de côté nos douleurs pour nous ouvrir à l'amour que nos parents ont eu pour nous. Il nous est presque douloureux de réaliser leur générosité et l'ampleur de leur sacrifice à notre égard. Nous n'aimons pas nous laisser toucher par leur affection et nous refusons souvent de la comprendre au-delà de leur silence.

3. SHAPIRO, Stephen, *op. cit.*, p. 100.
4. *Ibid.*, p. 96.
5. *Ibid.*, p. 104.

Comment guérir le père blessé en soi-même

Mais comment un homme peut-il en arriver à guérir le père blessé en lui-même et à sortir de sa rage amère contre son père réel ? Le psychologue Osherson propose d'explorer en profondeur le passé du père pour en arriver à comprendre sa souffrance et développer ainsi une empathie qui pourra aider son fils à lui pardonner. Il parle lui aussi de la nécessité d'abandonner le mythe d'un père idéal et de tolérer la solitude ainsi engendrée.

Il mentionne le bienfait que peuvent produire des dialogues imaginaires avec un père mort ou trop lointain. Ces dialogues peuvent prendre la forme de lettres ou de jeux de rôles psychologiques. Ils peuvent devenir une occasion d'exprimer la rage, la colère et la déception qui perdurent. Ils permettent ainsi d'objectiver cette peine et de mieux l'accepter. Ces échanges aident un être à sortir de la prison de l'inconscient et à transformer en souvenirs ce qui brûle encore au présent.

Briser le silence du père

Le silence du père est devenu le nôtre. Nous avons été enrôlés dans cette mafia du silence héréditaire, mais la conscience de notre propre souffrance et de celle de nos pères devrait nous permettre de ne pas le transmettre. La tâche des nouveaux hommes est de briser les générations de silence masculin. C'est peut-être l'acte le plus véritablement révolutionnaire que nous puissions accomplir.

Ceux qui en ont encore la possibilité doivent entreprendre un dialogue avec leur père réel, malgré les peurs et les frustrations que cette tentative peut engendrer, malgré les déceptions ou les rejets qu'elle pourra apporter. Nous devons nous battre pour ne pas sombrer dans le silence de nos pères et essayer de combler le fossé qui nous sépare d'eux. En comblant ce fossé, nous mettrons un baume sur cette affreuse division qui existe entre l'esprit abstrait et désincarné des hommes et ce monde de plus en plus cruel. Le temps est venu de dire nos vulnérabilités, nos besoins profonds et nos violences intérieures.

Le temps est venu de dire nos visions. Le temps est venu de partager et de nous montrer tels que nous sommes, de nous compromettre et de devenir réel aux yeux de ceux qui nous entourent. Il est enfin arrivé, le temps de parler.

CONCLUSION

Il y a trois naissances dans la vie d'un homme. Il naît de sa mère, il naît de son père et, finalement, il naît de son soi profond. Il s'agit de la naissance de l'individualité. Elle a fait dire au Christ: « Je ne connais ni mon père ni ma mère ! » alors que ses parents étaient dans la foule venue l'entendre. Le deuil des attentes irréalistes que nous adressions à nos pères et la solitude que ce deuil nous oblige à assumer nous libèrent. Cette souffrance même sert de mutilation initiatique et elle nous renvoie à la réalité du monde objectif: l'univers devient notre nouvelle niche.

Il est de plus en plus urgent de briser notre silence mortel vis-à-vis de la désintégration de la famille, vis-à-vis de l'oppression du tiers-monde par l'Occident, vis-à-vis de la course aux armements et vis-à-vis de la pollution qui est en train de nous détruire. Nous devons crier notre peur et obliger nos gouvernements à entendre notre voix.

Si nous ne retrouvons pas un sentiment d'appartenance profonde et de solidarité avec l'humanité et avec l'univers entier, qu'il soit minéral, végétal ou animal, nous ne survivrons pas. En chacun de nous la plaie du Roi-Pêcheur saigne, et nous avons le devoir individuel de la soigner. Les belles théories n'y feront rien. Le temps est venu de nous regarder en face et de décider si nous voulons continuer. La décision est entre nos mains. Si nous ne parlons pas, nous ne survivrons pas.

Je suis convaincu que la révolution des hommes, oserais-je dire leur guérison, passe nécessairement par la redécouverte d'une spontanéité *psychique et physique*. Le recouvrement de la vitalité vient de la pratique d'une religion naturelle, faite simplement de la culture d'un sentiment d'unité et d'appartenance à la terre. Comme le disait le cinéaste Frédérick Bach qui a remporté un Oscar pour son film *L'homme qui plantait des arbres :* « Nous sommes des terriens et la terre est la matière première de notre bonheur. »

Le changement passe par la récupération de nos émotions et de nos sensations corporelles, organiques, ces dimensions de nous-mêmes dans lesquelles nous avons, à tort, enfermé la femme. Finalement, la transformation réside dans la re-connaissance de la sagesse de l'instinct et la redécouverte du sens spirituel de nos vies. En somme, il s'agit d'abandonner notre orgueilleuse illusion de contrôle qui oppresse tous les êtres de cet univers.

Je terminerai en paraphrasant un poème amérindien : la pierre n'a besoin ni du soleil ni de l'eau pour vivre ; les plantes ont besoin de l'eau, de la terre, du soleil et des pierres pour exister ; les animaux ont besoin des plantes, des pierres, de l'eau, du soleil et de la terre pour subsister ; les hommes ont besoin des animaux, des plantes, des pierres, de la terre, de l'eau et du soleil pour survivre ; l'homme est donc le plus dépendant de tous les êtres.

POSTFACE – LE TEMPS DES PÈRES

En cette année 2014, mon livre *Père manquant, fils manqué* célèbre le 25ᵉ anniversaire de sa parution. Vingt-cinq ans déjà, et toute une histoire ! Lorsque j'ai écrit ce livre, essentiellement de nuit, après mes heures de consultation, je sentais bien que je touchais à quelque chose d'important. Il y avait comme un trou dans notre culture : la question du père.

À l'époque, je pensais que cette question concernait le Québec uniquement. Puis, Toronto et l'Ouest canadien se sont mis à m'inviter pour parler du thème. Les États-Unis ont suivi, avec une première publication en langue étrangère chez Shambhala[1]. Je me suis alors dit que le problème était nord-américain. Vint ensuite une invitation pour un colloque international sur la masculinité, à Rio de Janeiro, au Brésil. Je parlais donc pour les Amériques. Toutefois, les sollicitations en provenance de l'Europe n'arrêtaient pas d'affluer. S'agissait-il d'un problème occidental ? Puis, une petite Japonaise du nom de Misa Hirai est venue cogner à ma porte. Elle voulait traduire mon livre et le faire publier au Japon. Le livre parut et une tournée fut organisée. Après vinrent la Martinique et plusieurs autres invitations

---

1. Guy Corneau, *Absent Fathers, Lost Sons, The Search for Masculine Identity*, Boston, Shambhala Publications, coll. « C. G. Jung Foundation Books », 1991, 220 p.

encore. Une quinzaine de publications étrangères plus tard et après des centaines de milliers de livres vendus en français, j'ai finalement osé comprendre que le problème du père était mondial.

Tout dernièrement, relisant mon texte pour la première fois d'un bout à l'autre, j'ai saisi pourquoi : force est de constater que le propos est plus d'actualité que je ne l'aurais souhaité. Car même si les pères sont de plus en plus présents auprès de leurs enfants, de grands progrès restent à accomplir. Il n'en demeure pas moins qu'au cours de ces années les nombreuses rencontres avec le public m'ont confronté à des questions auxquelles je n'avais pas répondu dans mon livre. Je souhaite donc ajouter, en guise de postface, quelques précisions pour répondre à la question « À quoi le père sert-il ? », et aussi pour situer dans un contexte historique ce sujet toujours d'actualité des pères manquants et des fils manqués.

Un survol historique

La notion d'un père présent sur le plan affectif, d'un père personnel, d'un *papa*, si vous préférez, est nouvelle. Elle apparaît dans la culture uniquement au tournant des années 1960, en Occident du moins. Bien entendu, l'histoire n'a pas attendu tous ces siècles pour faire figurer des pères affectueux qui étaient à la fois protecteurs, pourvoyeurs de soins et représentants de l'autorité. Toutefois, leur rôle officiel n'était pas conçu comme cela. Dans l'Antiquité romaine et grecque, par exemple, un homme avait souvent plusieurs femmes et choisissait lui-même les fils dont il serait responsable. Les filles, à vrai dire, n'existaient pratiquement pas dans ce monde-là. En l'an 400 de l'ère chrétienne, le clergé a obligé les prêtres, qui avaient aussi femmes et familles, à choisir une épouse officielle et à pourvoir aux soins des enfants de cette unité familiale[2]. C'est l'origine de la famille et le début balbutiant d'un père personnel.

2. Jean Delumeau et Daniel Roche, *Histoire des pères et de la paternité*, Paris, Éditions Larousse, coll. « In extenso », 2000.

À cette époque, on vivait en clans familiaux regroupant plusieurs générations sous le même toit. Un clan est « un ensemble de familles associées par une parenté réelle ou fictive, fondée sur l'idée de descendance d'un ancêtre commun. Même si leur filiation exacte n'est pas connue, tous les membres d'un clan connaissent cette origine qui prend un caractère mythique[3] ». Les avantages d'une telle organisation résident dans le fait que les enfants côtoient de la sorte plusieurs figures paternelles. Cette manière de vivre et de concevoir la famille va subsister en Europe jusqu'à la Révolution française, en 1789. Il est à noter que les « devoirs » du père ne sont inscrits dans un document officiel pour la première fois qu'à la toute fin du XVIIIe siècle, dans la Constitution française post-révolutionnaire. Ces devoirs sont ceux de pourvoir, c'est-à-dire d'apporter abri et nourriture, et de corriger, c'est-à-dire de discipliner.

Les questions éducatives sont toutefois présentes sous la plume de plusieurs philosophes au XVIIIe siècle. Prenons-en pour exemple le fameux ouvrage *Émile, ou De l'éducation*[4], publié en 1762. Dans ce livre, Jean-Jacques Rousseau laisse entrevoir une autre façon de concevoir le rapport entre les parents et les enfants. En dépit du fait qu'il a lui-même confié ses cinq rejetons à l'Assistance publique, il invite les parents à préserver les qualités naturelles de l'enfant et à s'appuyer sur des savoir-faire concrets plutôt que sur des savoirs livresques.

La famille nucléaire telle que nous la connaissons, à savoir une unité familiale réduite aux parents et aux enfants non mariés, est née sous la pression de la révolution industrielle. En Angleterre d'abord, et de façon croissante en Europe à partir du milieu du XIXe siècle (1850), l'industrialisation fait progressivement basculer une société à dominante agraire et artisanale vers une société commerciale et industrielle. Comment cela influence-t-il l'organisation des familles et la fonction paternelle ?

---

3. Wikipédia, article « Clan ».
4. Voir Wikipédia, article « *Émile ou De l'éducation* ».

La transposition, dans les entreprises, du modèle agricole, où les adultes comme les plus jeunes participent aux mêmes travaux, entraîne la mort de plusieurs femmes et enfants dans les manufactures. En effet, le travail exigé y est beaucoup trop dur pour eux. Pour remédier à ces nombreux décès, les grandes corporations capitalistes créent les premières allocations familiales. Les femmes ont ainsi la possibilité de rester à la maison et de s'occuper des enfants, qui pourront se mettre au travail, à la puberté, plus vigoureux et en meilleure santé. Si l'on ajoute à ce facteur la mobilité de la main-d'œuvre, les masses de travailleurs se déplaçant en effet au gré des besoins des usines, on assiste peu à peu à la déstructuration des familles claniques et à la création de familles nucléaires, avec le père, la mère et leurs enfants sous le même toit. Mais, facteur d'une importance capitale, ces familles sont maintenant isolées dans un milieu urbain.

Autre fait notable : dans cette nouvelle famille, un membre est manquant, le père. C'est maintenant lui seul qui assume les longues périodes de travail journalières à l'extérieur de la maison. Il s'absente même parfois pendant des semaines entières dans les régions minières, voire des mois dans les zones à vocation forestière. Dans la région du Saguenay, au Québec, région dont je suis originaire, les hommes allaient travailler aux chantiers pendant tout l'hiver pour la coupe du bois. Ils abandonnaient ainsi femmes et enfants pour de longues durées, ne revenant à Noël que pour quelques jours. Mon propre père a été retiré de l'école à l'âge de 14 ans pour « monter dans les chantiers » et aider son père à subvenir aux besoins d'une famille nombreuse.

Comme je le mentionnais plus haut, c'est seulement au début des années 1960 qu'apparaît dans la culture l'idée d'un père qui, en plus d'être une figure d'autorité et un bon pourvoyeur, peut prendre soin de ses enfants et être affectueux. À dire vrai, c'est maintenant que le père personnel est en train de naître sur la terre. Paradoxalement, cette naissance a lieu non seulement dans des familles unies, mais aussi dans des familles séparées, déchirées ou recomposées. C'est donc dire leur fragilité. S'il y a éclatement de cette cellule et qu'en plus on se retrouve sous le seuil de la pauvreté, sans le soutien de parents proches ou de liens sociaux de qualité, le drame pointe à l'horizon.

Ce survol historique visait à faire entrevoir la nouveauté du père personnel dans notre culture et à illustrer le contexte difficile dans lequel il naît. Penchons-nous maintenant sur la question suivante : à quoi sert le père ?

Séparer l'enfant de la mère, séparer la mère de l'enfant

La première fonction paternelle qui a été soulignée à grand renfort de textes par la psychanalyse est celle de séparer l'enfant de la mère et de séparer la mère de l'enfant. Le cas clinique suivant nous permet d'aborder cette fonction primordiale en constatant les déboires liés au manque de séparation entre une mère et un fils, en l'absence d'une figure paternelle.

Une jeune femme de 30 ans est venue me consulter parce que son fils de 4 ans présentait des comportements d'agressivité. Il attaquait, parfois violemment, les jeunes de la garderie qu'il fréquentait. Cette mère avait nourri son bébé au sein jusqu'à l'âge de trois ans. Pendant qu'il était à la maison, elle n'avait jamais eu de problèmes avec lui. Les difficultés avaient commencé aussitôt qu'il était entré à la garderie. La situation était devenue critique au point où les éducateurs avaient dû l'isoler des autres enfants. Finalement, ils avaient dit à la mère que son fils n'était plus le bienvenu au jardin d'enfants.

Cet enfant n'avait jamais connu son père. La mère s'était éprise d'un homme de qui elle était tombée enceinte. Cet homme avait déjà une famille et n'en voulait pas une deuxième. Le couple s'était donc séparé pendant la grossesse. Pensant faire pour le mieux, la mère avait décidé de cacher à l'enfant tout sur son passé, dans le but de le protéger de la cruelle vérité. L'enfant n'avait jamais vu aucune photo de son père et n'avait jamais été en contact avec lui. Il ne savait rien de lui. Tout s'était bien passé jusqu'au jour où le bambin était arrivé à la garderie. À ce moment, la réalité du père était entrée brutalement dans sa vie : les autres en avaient un et lui n'en avait pas.

J'ai demandé à la mère s'il arrivait que l'enfant soit agressif envers elle. Elle m'a avoué qu'il faisait maintenant des crises à la maison et qu'il tentait souvent de la frapper. Comment réagissait-elle ? « Je le mets dans sa chambre jusqu'à ce que ça passe », m'a-t-elle répondu. Je lui ai expliqué que son fils essayait sans doute de dire quelque chose à travers son comportement et lui ai proposé, la prochaine fois qu'il serait violent, de tenter de lui faire dessiner son état plutôt que de l'isoler, car il aimait dessiner.

Quand l'enfant s'est de nouveau montré agressif à la maison, la mère s'est assise avec lui, avec papier et crayons de couleur. Comme tous les enfants, il a dessiné un père, une mère et lui au milieu. « Mais tu n'as pas de père ! s'est-elle exclamée. Pourquoi dessines-tu un père ? Qu'est-ce que tu voudrais faire à ton père ? » L'enfant avait alors pris des ciseaux, découpé la silhouette du papa et l'avait taillée en petits morceaux qu'il était allé enterrer dans son carré de sable. « Pourquoi fais-tu cela ? » avait demandé la mère. Et l'enfant de répondre : « Papa veut me tuer. » Désarmée, elle lui avait dit : « Mais non, ton père ne veut pas te tuer. » Se sentant sans doute un peu coupable, le petit garçon était alors allé chercher les morceaux et avait tenté de les recoller sur son dessin.

À travers son mystérieux comportement, cet enfant tentait de dire que la réalité du père le tuait. C'était sa façon à lui d'abolir cette réalité, de l'annihiler, de l'anéantir. L'absence de père dans sa vie, une absence qu'il avait constatée au jardin d'enfants en voyant des pères venir chercher leurs rejetons, lui faisait trop mal.

J'ai conseillé à la mère de montrer des photos du père à son fils, de lui parler de lui et de tenter, si cela était possible, de reprendre contact avec l'absent. En somme, il s'agissait de redonner son histoire à ce fils. Je lui ai par ailleurs demandé s'il y avait un homme fiable qui gravitait autour d'elle. « Mon père est proche de moi, m'a-t-elle confié. Il m'a souvent offert de s'occuper de mon fils, mais j'ai toujours refusé ! », ce à quoi j'ai répondu : « Le temps est venu de lui ouvrir la porte. Votre petit garçon a besoin d'une figure paternelle. Il a besoin de se séparer de vous, et vous, de lui. » Par la suite, le bambin a pu rencontrer son véritable père et des visites occasionnelles ont été organisées. L'agressivité du jeune a considérablement diminué et il a pu continuer son parcours avec l'aide de son grand-papa.

La brutalité de l'enfant envers sa mère cache une deuxième dimension : lorsque le duo mère-enfant devient fusionnel, cette fusion se défait souvent à travers la violence. Le duo risque de se transformer en duel dès que l'un des membres a des velléités d'autonomie importantes. Sinon, c'est le contrôle et l'autorité qui prennent le dessus.

Par exemple, une amie qui a trois enfants à la maison me confie qu'à mesure que les semaines s'écoulent elle a tendance à devenir de plus en plus pointilleuse et contrôlante. Cela constitue un signal immanquable pour son mari. « Si nous allions au théâtre ou manger au restaurant ? Prenons une gardienne et passons une journée ensemble », lui propose-t-il alors. « Ça me replace à tout coup, affirme-t-elle. Je me rappelle alors que je ne suis pas seulement une mère, mais que j'existe encore comme conjointe et comme amante, et ça me fait le plus grand bien. »

Ce petit exemple illustre le fait que, dans un couple harmonieux, ce n'est pas tant le père qui remplit la fonction séparatrice que le désir. De se retrouver entre amoureux, sans la présence des enfants, permet à la mère de ne pas être submergée par son rôle. La même chose vaut pour le père. La psychanalyste Françoise Dolto allait même jusqu'à dire qu'une mère avait besoin d'un hobby, d'un travail ou d'une relation amoureuse qui la passionne suffisamment pour faire échec à la culpabilité que de laisser l'enfant pour quelques heures peut engendrer.

Donner naissance à l'intériorité du fils

Plus finement, au niveau intrapsychique, la présence du père permet de donner naissance à l'intériorité du fils. En bloquant le désir fusionnel de ce dernier, la présence paternelle permet au garçon de prendre conscience du désir comme un fait psychique en soi. Elle lui apprend à séparer le désir de l'objet du désir. Elle l'aide à comprendre que, dans la vie, il ne peut pas toujours obtenir satisfaction et que personne n'a à être esclave de ses désirs. Le principe de réalité cher à Freud prend ainsi sa place dans le monde de l'enfant. La loi paternelle neutralise le fameux complexe d'Œdipe en permettant au garçon de comprendre que sa mère n'est pas seulement sa mère et qu'elle existe en dehors de lui, et lui, en dehors d'elle. En compensation de cette véritable perte, le père offre sa présence rassurante.

Si l'élan du fils est toujours satisfait, cette prise de conscience de la séparation nécessaire entre le désir et l'objet du désir risque de ne pas se faire. Au lieu d'acquérir progressivement la capacité de se contenir, l'enfant réagira à la frustration par des caprices et par des comportements d'agressivité de plus en plus importants. Son impulsivité risque de devenir sans limites. L'intériorité permet en effet de développer une certaine tolérance aux tensions psychiques provoquées par les conflits inévitables avec autrui. On comprend ainsi comment les familles à un seul parent peuvent facilement se mettre en danger, surtout si le parent tente de répondre aux frustrations du jeune en renforçant les satisfactions fusionnelles. Les freudiens ont d'ailleurs proposé un concept pour parler des enfants qui ont pour ainsi dire « manqué » de frustration : ils parlent de la frustration de la frustration !

Le fait d'avoir un monde intérieur se révèle d'une importance capitale, notamment en ce qui a trait aux impulsions colériques qui traversent tout individu qui éprouve des frustrations importantes. L'intériorité permet de se distancier de ce qui se passe en soi, ouvrant la possibilité d'un dialogue intérieur. Elle favorise aussi un rapport plus libre avec ce qui se passe en dehors de soi, entre autres choses en ce qui concerne le poids contraignant des images sociales. Sans réalité psychique consciente, un garçon, et plus tard un homme, demeure esclave de son milieu extérieur. Autrement dit, être collé à ce que l'on ressent, sans espace de négociation intérieure, signifie du même coup être submergé par les stéréotypes de sa culture.

Prenez les nombreux cas de violence conjugale. Des hommes finissent par se sentir désespérés et impuissants au point que seule la violence leur semble une réponse adéquate. Ils ne sont pas habitués à contenir leurs humeurs et s'identifient à elles. Ils se sentent submergés par ce qu'ils ressentent, ils sont incapables de « se parler » ou de contrôler ce qui se passe en eux et perdent la maîtrise de leur agressivité. Ils veulent que le tourment intérieur s'arrête et tentent de retrouver un semblant de paix intérieure en agressant la personne qui leur paraît être la source du conflit. Ils en arrivent à commettre des actes vraiment destructeurs envers leur femme, leurs enfants, ainsi qu'envers eux-mêmes. D'ailleurs, les cas de violence conjugale se produisent souvent lorsqu'un individu se sent humilié, écrasé ou dévalorisé. Une femme part avec les enfants sans laisser d'adresse, son conjoint a l'impression de perdre la face, et le drame éclate dans les faits divers des journaux.

Humaniser le masculin, c'est permettre au fils d'être humain à son tour

En résumé, la présence du père offre la chance d'humaniser le masculin. En cette ère de superhéros, où les enfants en bas âge imitent déjà les attitudes de Batman ou de Spiderman, il est très pratique d'avoir un père qui affiche non seulement des forces, mais aussi des faiblesses, qui montre sa sagesse, mais aussi son ignorance, bref un père humain. Cela permet de l'aimer et de le haïr à la fois, d'imaginer s'en détacher tout en voulant être proche de lui. Mais surtout, cela permet de ne pas être simplement prisonnier des images préfabriquées de la culture dominante.

Le fait de ne pas avoir eu de père projette souvent le garçon dans un monde où il souhaite être un Rambo ou Superman pour exister aux yeux des autres, à moins qu'il ne choisisse le chemin de la délinquance ou de la criminalité pour incarner une autre sorte de héros. De toute façon, il se retrouve aux prises avec les mythes de la culture masculine, et cela sans médiation. Ces mythes ont la vie dure : ne pas demander d'aide, même si on en a besoin, et régler ses problèmes tout seul sans en parler à personne. Tout cela pour mériter sa place au panthéon de la masculinité pure et dure…

Un père empreint d'humanité s'interpose entre les stéréotypes de la culture ambiante et l'adolescent. Ses forces et ses faiblesses, sa vulnérabilité et sa sensibilité relativisent les puissantes images transmises par les médias. Le père suffisamment bon, suffisamment responsable et capable de fournir des balises, suffisamment adéquat au sens du pédiatre Donald Winnicott, autorise l'adolescent à posséder lui-même des forces et des faiblesses. Il lui donne la possibilité d'exceller dans certains domaines et d'être moins bon dans d'autres sans que cela soit un drame. Enfin, il lui permet de ne pas devenir l'esclave de fantasmes de grandeur qui condamnent à une vie d'excellence ou d'échec.

Le père comme tuteur et comme éducateur

Qu'il soit garçon ou fille, l'enfant a vraiment besoin d'être accompagné dans certains apprentissages. Cette fonction éducatrice a été reconnue de tout temps. Suivant le sens étymologique du mot *éducation*, il s'agit de « tirer l'enfant hors de », hors du monde fusionnel, hors de l'espace familial, hors de la dictature du « tout sécuritaire » qui règne souvent dans l'enfance. L'enfant a aussi besoin de quelqu'un qui agit comme tuteur, de quelqu'un qui soutient le développement par sa présence.

Ces fonctions de transmission et de soutien sont souvent négligées par les pères. Bizarrement, c'est quelque chose que les gangs de rue et les groupes de motards criminalisés ont compris. En général, ils recrutent dans la rue de jeunes hommes qui connaissent déjà la précarité et l'insécurité. Pendant quelques semaines, un jeune cheminera avec un senior de la bande, qui lui apprendra comment proférer des insultes, se défendre, donner des coups et en recevoir. Il lui enseignera aussi les codes de reconnaissance du groupe. Bref, ces groupes criminalisés offrent aux jeunes des tuteurs qui les accompagnent dans l'acquisition de certaines habiletés. Il est tout de même étonnant de constater que des motards et des chefs de gang ont saisi ce que bien des pères s'acharnent à ne pas vouloir comprendre, à savoir que les enfants ont besoin d'une présence paternelle et protectrice qui leur donne de l'attention et des formations spécifiques.

Heureusement, il existe aussi des pères qui réagissent de manière adéquate aux difficultés relationnelles qu'ils éprouvent avec leurs fils. L'un d'eux m'a raconté l'anecdote suivante: «J'ai deux ados, un de 16 ans et un autre de 11 ans. Je ne sais pas trop quoi faire avec eux. C'est compliqué comme situation. Alors, j'ai eu l'idée de rassembler les pères de ma rue qui ont des ados eux aussi. Nous étions trois. Un après-midi, on a pris nos fils et on les a amenés dans la forêt pour faire une excursion. Nous nous sommes retrouvés autour d'un feu de camp. Au lieu de leur demander comment ils allaient, eux, nous leur avons parlé de nous, de ce que nous avons vécu quand nous avions leur âge. Qu'on ose parler ainsi de notre rapport à la sexualité, au travail et à la vie en général a fait en sorte que les vannes de leurs confidences se sont ouvertes. Ils se sont mis à nous confier des choses de leur vie d'ados. Dans ce court après-midi, nous avons réussi à établir un dialogue avec nos enfants. Il suffisait de créer une occasion spéciale où notre attention leur était complètement offerte.»

J'ai constaté les mêmes choses en travaillant avec des jeunes de la rue en Belgique, au sein de l'association Flics et voyous. Je me suis rendu compte que même leurs comportements de rupture étaient encore des demandes de reconnaissance et d'amour.

Nous constatons ici la force du groupe des pères accueillant le groupe des jeunes. Sans le savoir, ces papas retrouvaient le chemin des initiations tribales. Cette façon d'agir est efficace, car, en réalité, les garçons ont besoin de plusieurs figures paternelles. Ainsi, à l'adolescence, mon meilleur ami venait passer une soirée de temps à autre avec mes parents en mon absence. Il trouvait mon père de très bon conseil, alors que moi, je le trouvais complètement dépassé. En fait, le véritable papa est celui qui accepte de prendre psychologiquement soin de l'enfant. Ce n'est pas nécessairement le père génétique. Un père de substitution est souvent préférable à un père abandonneur, abuseur ou trop négligent. Certaines recherches font même état du bénéfice associé à la présence d'un ami homosexuel, proche de la mère, et désireux de s'occuper d'un enfant. Il peut ainsi devenir un véritable tuteur pour le garçon.

L'éducation concerne également la transmission des valeurs, un aspect auquel nous pensons peu souvent. L'American Psychology Association (Association américaine de psychologie) a mené une enquête en ce sens. On a demandé à des enfants de noter, sur une échelle, les qualités qu'ils trouvaient les plus importantes chez un père. À la grande surprise des chercheurs, le père qui donne un sens à la vie et transmet des valeurs spirituelles venait en deuxième place, alors que la question de la transmission des valeurs avait été classée au septième ou au huitième rang dans les hypothèses de travail.

Le parent entraîneur

J'ai eu la chance de rencontrer Claire Leduc, travailleuse sociale et thérapeute en relation conjugale et familiale. Elle a créé un concept très intéressant qui s'appelle le « parent entraîneur », ou encore le parent comme coach. Tentant d'échapper à la dichotomie qui oppose les pères et les mères, elle se dit qu'un parent est d'abord et avant tout quelqu'un qui doit jouer deux rôles à la fois : un rôle affectif et un rôle éducatif.

Claire Leduc observe, par exemple, que, dans des situations problématiques, lorsqu'un parent est plutôt situé dans le pôle affectif, non seulement il va rester dans l'affectivité, mais il peut aller jusqu'à devenir « débonnaire » et ne plus imposer de limites ni fixer de règles. Si, au contraire, le parent a une tendance plutôt éducatrice, devant les obstacles, il penchera du côté « autoritaire » et adoptera des mesures disciplinaires.

Ces deux dangers guettent les pères et les mères, selon elle. En effet, pas besoin d'être un spécialiste pour constater que, dans les querelles de famille, les modes affectif et éducatif s'opposent et que, devant la difficulté, l'un devient débonnaire et l'autre, autoritaire. Le concept de Claire Leduc aide à évaluer le pôle naturel de chaque parent et facilite le développement de l'aspect opposé. L'affection seule ne convient pas pour éduquer des enfants, mais l'éducation et la discipline seules ne sont pas appropriées non plus[5].

Père présent, enfant gagnant

Il me semble intéressant de terminer cette exploration en présentant une recherche faite par le Dr James Herzog, de l'Université Harvard. Son livre s'intitule *Father Hunger* (« La faim du père »). Dans cette recherche réalisée au fil de 15 années et qui fait appel à des psychologues, des pédiatres, des psychiatres, des anthropologues, des infirmiers et des travailleurs sociaux, on compare deux types de familles. Dans le premier type, les pères sont très

5. Voir le site internet de Claire Leduc pour avoir accès à ses idées, à ses articles et pour commander ses ouvrages : <www.parententraineur.com>.

actifs. Ils jouent avec leurs enfants et participent à l'organisation et à l'accomplissement des tâches familiales. Le deuxième type de famille est plus conservateur. Les pères sont présents, mais jouent un rôle plus traditionnel : ils participent peu à l'organisation de la famille et à l'éducation des enfants.

Quelques centaines d'enfants ont ainsi été suivis de l'âge où ils étaient des nourrissons jusqu'à la fin de leurs études secondaires. On est arrivé à la conclusion étonnante que les enfants qui ont eu la chance d'avoir une mère et un père également présents ont manqué moins de jours d'école, ont eu moins de problèmes sur le plan des notes, ont moins souffert des petites maladies de l'enfance et que, en plus, ils avaient trouvé le temps de prendre part aux activités para-scolaires. Les enfants issus des familles traditionnelles fréquentant les mêmes écoles avaient fait face à plus de difficultés. La conclusion générale des chercheurs est que les enfants des familles avec des pères plus participatifs avaient *développé une barrière naturelle contre les stress de l'existence*[6].

Afin de découvrir pourquoi il en était ainsi, on est retourné aux vidéos des enfants qu'on avait suivis pendant toutes ces années, les filmant à intervalles réguliers en interaction avec leur père et leur mère. On en est venu à la constatation suivante : les mères ont tendance à s'adapter aux humeurs et aux besoins de l'enfant, alors que les pères ont tendance à demander à l'enfant de s'adapter à leurs besoins et à leurs humeurs. Bref, le père a plutôt tendance à tirer l'enfant de son côté. S'il lui faut retourner au bureau, il dit : « Viens avec papa et après, nous jouerons à la balle. » Les chercheurs notent également que les pères s'intéressent à des actions plus physiques avec leurs enfants, par exemple les lancer dans les airs et les attraper. Ils observent qu'au début l'enfant n'apprécie pas toujours ces jeux. Toutefois, par la suite, non seulement il est content d'y jouer, mais il en redemande. À tra-

6. James Herzog, *Father Hunger, Explorations with Adults and Children*, Hillsdale (n. J.), Analytic Press, 2001.

vers de telles activités, les petits apprennent à contrôler les décharges d'adrénaline liées aux changements rapides d'intensité, d'où la construction de cette barrière naturelle contre le stress.

J'ai eu la chance de rencontrer quelques-uns de ces chercheurs à l'occasion d'un symposium à l'Université McGill, à Montréal. Ils nous ont montré une des vidéos faites dans une famille où père et mère sont présents. La mère part tous les matins à neuf heures pour travailler à l'extérieur, tandis que le père, compositeur de musique, travaille à la maison. Que fait la petite fille de trois ans ? À peine 15 minutes après le départ de sa maman, elle pleure, crie et fait des scènes pour capter l'attention de son papa. Au début, le père console l'enfant, mais très vite il l'entraîne au piano. D'heure en heure, on voit la petite fille qui se prend au jeu et finit par essayer de chanter la mélodie que son paternel est en train de composer. Finalement, quand la mère rentre, à 16 heures, la petite fille est assise sur son père, en train de suivre la mélodie qu'il a composée tout en tapant sur le clavier. Elle est contente, et le papa aussi, car il a pu faire sa musique.

La question que posent alors les chercheurs est simple : combien de mères connaissez-vous qui n'auraient pas abandonné leur travail pour s'occuper entièrement de l'enfant ? Leur interprétation est que le père a réclamé de l'adaptation à l'enfant et que cela a bien fonctionné.

Bien entendu, il s'agit ici de tendances générales. Parfois, on a la situation inverse : les pères s'adaptent plus et les mamans demandent plus d'adaptation. En fait, ce qui est intéressant est l'existence des deux types d'interaction, peu importe qui les produit. Les enfants à qui l'on demande seulement de l'adaptation risquent de devenir « suradaptés » aux demandes extérieures et coupés d'eux-mêmes. De même, nourrir les enfants à la petite cuillère en s'adaptant toujours à leurs besoins et à leurs demandes mène aussi à des catastrophes. Ils sont mal construits par rapport au monde extérieur. Ils s'attendent à ce que le milieu environnant se plie à leurs désirs.

Ils ont de la difficulté à accepter les limites et ils s'écroulent plus facilement face aux frustrations inévitables de l'existence, comme une première mauvaise note à l'école, un premier rejet en amour ou une première perte d'emploi.

Il y a également un bémol à mettre à la demande d'adaptation du père. Elle doit s'inscrire à l'intérieur d'une présence de qualité offerte au fils ou à la fille. Le père présent est celui qui est à l'écoute de l'enfant et pas celui qui est uniquement à l'écoute de ses besoins, de ses humeurs et de ses goûts. Ce père-là est enfermé dans sa blessure narcissique et il aura de la difficulté à élever un enfant. Tout de même, dans les groupes de parole d'hommes que j'ai longtemps animés, je n'ai jamais rencontré un père qui regrettait d'avoir eu des enfants. Peu importe comment leur paternité avait été vécue, ils étaient fiers d'avoir pu transmettre quelque chose. Cela était une source d'estime de soi. De même, ils s'étaient rendu compte que les enfants étaient de fantastiques pourvoyeurs d'affection, une affection qu'ils avaient toujours attendue de la part d'une femme[7]. En général, leurs fils comme leurs filles leur avaient ouvert le cœur et leur avaient fait toucher à quelque chose de l'ordre de l'amour inconditionnel.

« Tu as des mots pour mettre sur tes sentiments... »

J'ai eu deux pères dans ma vie : un père silencieux au bout de la table et un père qui a lu *Père manquant, fils manqué*. J'ai eu la chance que cet homme puisse accepter ce livre, qui a entraîné une grande révolution dans notre famille. Il a été la première personne à lire le manuscrit. Je le lui avais envoyé pour commentaires. Quatre mois

---

7. Cela rejoint les conclusions d'une étude de Daniel Turcotte, un chercheur de l'Université Laval, à Québec, qui pose la question suivante : « À quoi sert l'enfant pour le père ? » Voir aussi Daniel Turcotte et Jocelyn Lindsay, *L'intervention sociale auprès des groupes*, 3e éd., Montréal, Gaétan Morin Éditeur, 2014.

plus tard, il ne m'avait toujours pas donné de nouvelles. Un jour, j'ai rassemblé mon courage et lui ai téléphoné : « Je voudrais savoir ce que tu penses de mon livre, parce que c'est le dernier moment où je peux encore faire des corrections. J'ai les épreuves en main. » Et mon père de répondre : « Je suis un homme simple. Je suis un homme rustre. Je n'ai jamais eu de mots pour mettre sur mes sentiments. Toi, tu es allé à l'école, tu as des mots pour mettre sur tes sentiments, tu as écrit un livre et, moi, je suis fier de ça ! » Ces simples paroles ont complètement transformé la relation entre mon père et moi.

Je l'ai vu par la suite faire des efforts touchants pour dire à chacun de ses enfants combien il l'aimait, avec toute sa pudeur d'homme de son temps. Finalement, il s'est mis à parler de plus en plus et à poser des questions sur nos vies. Le dialogue prenait forme. À la fin, je faisais des détours pour passer du temps avec lui. J'avais commencé à écrire mon livre avec passablement d'amertume à l'endroit des hommes plus vieux que moi. Cependant, je l'ai terminé en sachant que je parlais aussi pour mon père, que la porte que j'essayais d'ouvrir à ma propre expression donnait aussi à mon père la permission d'avoir une sensibilité et d'échapper aux diktats de sa culture. Les 15 dernières années que j'ai pu passer avec mon père n'ont fait que confirmer cette hypothèse. Je sais maintenant que j'ai eu un papa qui m'a vraiment aimé et que tout était une question d'interprétation.

Il nous revient à nous qui avons le luxe des mots, le luxe d'une psychologie, nous qui sommes des fils et des filles du silence, de briser le mutisme des générations précédentes. Le temps des pères est arrivé.

REMERCIEMENTS

En tout premier lieu, je désire remercier toutes celles et tous ceux, amies et amis, analysantes et analysants, qui m'ont donné la permission d'utiliser ce qu'il est convenu d'appeler, dans le jargon du métier, leur « matériel ». Ce matériel, qui désigne en fait leur parole la plus intime, constitue la matière première de ce livre. Je voudrais porter cette parole avec respect pour qu'elle serve à d'autres hommes et, aussi, à d'autres femmes.

Je suis également très reconnaissant envers mon amie Nathalie Coupal pour sa patiente révision du manuscrit et la recherche de statistiques ; elle a su accomplir un travail admirable. J'aimerais aussi remercier Joane Boucher pour la dactylographie de la première version de l'ouvrage, Jean Grondin, pour celle des versions subséquentes et Jany Hogue pour ses suggestions stylistiques. Mes lecteurs et lectrices de la première heure, Nicole Plamondon, François Bruneau et Gilbert David, furent d'une importance capitale : leurs judicieux conseils m'ont permis de ralentir mes ardeurs et de laisser l'ouvrage parvenir à maturité. Je désire également témoigner ma reconnaissance à mes collègues Jan Bauer et Tom Kelly pour leurs encouragements répétés.

Finalement, ma gratitude va à mes éditeurs des Éditions de l'Homme. Franchement, avec un nom comme celui-là, ce livre aurait-il pu être publié ailleurs ? De Jean Bernier, qui a soutenu activement le texte comme éditeur en 1988, à Pierre Bourdon, vice-président à l'Édition, qui a souhaité sa réédition en 2014, je me sens très choyé comme auteur de voir ainsi célébré un de mes textes. J'en profite pour remercier Liette Mercier pour son travail assidu en tant qu'éditrice. C'est elle et son équipe qui ont coordonné les éléments nécessaires pour cette nouvelle édition.

Sans l'amour de toutes ces personnes, ce livre serait demeuré prisonnier du silence.

Bonne lecture

BIBLIOGRAPHIE

ANQUETIL, Gilles, « Mais où sont les pères-à-penser ? », dans *Autrement* (Pères et fils), n° 61, Paris, juin 1984, 227 p.

APOLLON, Willy, « La Masculinité en butte à la paternité », dans *Un amour de père*, publié sous la direction du collectif Cœur-Atout, Saint-Martin, Montréal, 1988, 238 p.

BERNSTEIN, Jerome, S., « The Decline of Masculine Rites of Passage in our Culture : The Impact on Masculine Individuation », dans *Betwixt & Between : Patterns of Masculine and Feminine Initiation*, publié sous la direction de Louise Carus Madhi, de Steven Foster et de Meredith Little, Open Court, La Salle, Illinois, 1987, 513 p.

BIGRAS, Julien, *Le Psychanalyste nu*, coll. Réponses, Robert Laffont, Paris, 1979, 185 p.

BILLER, Henry B., « Fatherhood : Implications for Child and Adult Development », dans *Handbook of Developmental Psychology*, publié sous la direction de Benjamin B. Wolman, Prentice-Hall, Englewood Cliffs, N.J., 1982, 960 p.

BLY, Robert, « The Erosion of Male Confidence », dans *Betwixt & Between : Patterns of Masculine and Feminine Initiation*, publié sous la direction de Louise Carus Madhi, de Steven Foster et de Meredith Little, Open Court, La Salle, Illinois, 1987, 513 p.

—, « What Men Really Want, A New Age Interview with Robert Bly by Keith Thompson », dans *New Age Journal*, mai 1982, p. 31-51.

—, « Initiations masculines contemporaines », dans le *Guide Ressources*, vol. 4, n° 2, Montréal, novembre et décembre 1988. (Traduit de l'anglais par Jean-Guy Girouard.)

CAMPBELL, Joseph et MOYERS, Bill, *The Power of Myth*, Doubleday, New York, 1988, 231 p.

CASTANEDA, Carlos, *The Fire from Within*, Simon and Schuster, New York, 1984.

CHABOT, Marc, « Le Père des pays d'en-Haut », dans *Un Amour de père*, publié sous la direction du collectif Cœur-Atout, Saint-Martin, Montréal, 1988, 238 p.

CHAMPAGNE-GILBERT, Maurice, « La Famille survivra-t-elle ? », dans *Le Devoir*, samedi 12 décembre 1987, p. A-9.

CHARRON, Claude, *Désobéir*, VLB, Montréal, 1983.

DELAISI DE PARSEVAL, Geneviève, « De l'identique à l'identité » (entretien), dans *Autrement* (Pères et fils), nº 61, Paris, juin 1984, 227 p.

DREUILHE, Alain Emmanuel, *Corps à corps, journal de sida*, coll. au Vif du Sujet, Gallimard/Lacombe, Paris, 1987, 203 p.

EMBARECK, Michel, « Sagas en baskets », dans *Autrement* (Pères et fils), nº 61, Paris, juin 1984, 227 p.

FALCONNET, G. et LEFAUCHEUR, N., *La Fabrication des mâles*, coll. Points, série Actuels, nº A17, Seuil, Paris, 1975, 186 p.

FROMM, E. et MACCOBY, M., *Social Character in a Mexican Village*, Prentice Hall inc., Englewood Cliffs, N.J., 1970.

GARY, Romain, *Au-delà de cette limite votre ticket n'est plus valable* (roman), coll. Folio, nº 1048, Gallimard, Paris, 1975, 247 p.

GELMAN, David et HAGER, Mary, « Body and Soul », dans *Newsweek*, 1988 Newsweek, Inc., New York, 7 novembre 1988, p. 88-97.

GUSTAFSON, Fred R., « Fathers, Sons and Brotherhood », dans *Betwixt & Between : Patterns of Masculine and Feminine Initiation*, publié sous la direction de Louise Carus Madhi, de Steven Foster et de Meredith Little, Open Court, La Salle, Illinois, 1987, 513 p.

GUY-GILLET, Geneviève, « Le Roi-Pêcheur : Jung parle de son père », dans *Le Père en question*, Cahiers de psychologie jungienne, nº 35, Paris, 4e trimestre 1982, 64 p.

HENDERSON, Joseph L., *Tresholds of Initiation*, Wesleyan University Press, Middletown, C.T., 1967, 260 p.

HILLMAN, James, *L'Amour de la guerre*, Cahiers du Cercle, Cercle C. G. Jung de Montréal, Montréal, mai 1987.

—, « La Culture et la chronicité du désordre », dans *La Petite Revue de philosophie*, vol. 9, n° 2, Collège Édouard-Montpetit, Longueuil, 1988, 161 p.

JOHNSON, Robert A., *He, Understanding Masculine Psychology*, coll. Perennial Library, n° P415, Harper & Row, New York, 1977, 83 p.

JUNG, Carl Gustav, *Les Types psychologiques*, Librairie de l'Université, Georg et Cie, Genève, et Buchet/Chastel, Paris, 3e édition, 1967.

—, *Métamorphoses de l'âme et ses symboles*, Librairie de l'Université, Georg et Cie, Genève, 1967, 770 p.

—, *Symbols of Transformation, an Analysis of the Prelude to a Case of Schyzophrenia*, Collected Works, vol. 5, Bollingen Series XX, Princeton University Press, 2e édition, Princeton, N.J., 1967, 557 p.

—, *Psychology and Religion : West and East*, Collected Works, n° 11, Bollingen Series XX, Princeton University Press, Princeton, N.J., 1956.

KOHUT, Heinz, *Le Soi*, coll. Le Fil Rouge, Presses Universitaires de France, Paris, 1974, 374 p.

KRISHNAMURTI, J., « The Only Revolution », dans *The Second Krishnamurti Reader*, publié sous la direction de Mary Lutyens, Penguin Books, 1973, 317 p.

—, « The Urgency of Change », dans *The Second Krishnamurti Reader*, publié sous la direction de Mary Lutyens, Penguin Books, 1973, 317 p.

LALONDE, Robert, *Le Fou du père* (roman), Boréal Express, Montréal, 1988, 151 p.

LAPLANCHE, J. et PONTALIS, J.-B., *Vocabulaire de la psychanalyse*, Presses Universitaires de France, Paris, 1967, 523 p.

LASCH, Christopher, *The Culture of Narcissism, American Life in an Age of Diminishing Expectations*, Warner Books, New York, 1979, 447 p.

—, *The Minimal Self, Psychic Survival in Troubled Times*, W. W. Norton & Company inc., New York et Londres, 1984, 317 p.

LECLERC, Annie, *Hommes et femmes*, coll. Le Livre de Poche, n° 6150, Grasset, Paris, 1985, 189 p.

LÉVESQUE, René, *Attendez que je me rappelle*, Québec-Amérique, Montréal, 1986, 525 p.

LIBRAIRIE LAROUSSE, *New Larousse Encyclopedia of Mythology*, Hawlyn, N.Y., 1959, 500 p.

MARTINI FIELD, Tiffany et WIDMAYER, Susan M., « Motherhood », dans *Handbook of Developmental Psychology*, publié sous la direction de Wolman B. Benjamin, Prentice-Hall, Englewood Cliffs, N.J., 1982, 960 p.

MONBOURQUETTE, Jean, « Grandeurs et misères de la relation père-fils, essai de psychologie archétypale de la rencontre du père et du fils », dans *Un Amour de père*, publié sous la direction du collectif Cœur-Atout, Saint-Martin, Montréal, 1988, 238 p.

MONICK, Eugene, *Phallos : Sacred Image of the Masculine*, Inner City Books, Toronto, 1987, 141 p.

O'NEIL, Huguette, « Santé mentale : les hommes, ces grands oubliés… », dans *L'Actualité Médicale*, 11 mai 1988.

OLIVIER, Christiane, « Pères empêchés », dans *Autrement* (Pères et fils), n° 61, Paris, juin 1984, 227 p.

OSHERSON, Samuel, *Finding our Fathers, the Unfinished Business of Manhood*, Free Press, New York, 1986, 217 p.

PARIS, Ginette, *La Renaissance d'Aphrodite*, Boréal Express, Montréal, 1985, 186 p.

—, « Le Masque de Dionysos », conférence donnée au Cercle C. G. Jung de Montréal, 13 mai 1988. (Notes personnelles.)

—, *Le Réveil des dieux, la découverte de soi et des autres à travers les mythes*, Éd. de Mortagne, Boucherville, 1981, 332 p.

PHILIPPE, Alain, *Suicide : évolution actuelle*, Interforum, Paris, 1988.

ROBERT, Paul, *Le Petit Robert 1, dictionnaire alphabétique et analogique de la langue française*, Société du Nouveau Littré, Paris, 1978, 2171 p.

SANDNER, Donald, « The Split Shadow and the Father-Son Relationship », dans *Betwixt & Between : Patterns of Masculine and Feminine Initiation*, publié sous la direction de Louise Carus Madhi, de Steven Foster et de Meredith Little, Open Court, La Salle, Illinois, 1987, 513 p.

SANTÉ ET BIEN-ÊTRE-SOCIAL CANADA, *L'Alcool au Canada, une perspective nationale*, 2e édition révisée, Ottawa, 1984.

SARTORIUS, Bernard, « Les Archétypes du masculin », conférence et séminaire donnés au Cercle C. G. Jung de Montréal, mai 1986.

SHAPIRO, Stephen A., *Manhood, A New Definition*, G. P. Putnam's Sons, New York, 1984, 266 p.

SHEPHERD LOOK, Dee L., « Sex Differentiation and the Development of Sex Roles », dans *Handbook of Developmental Psychology*, publié sous la direction de Benjamin B. Wolman, Prentice-Hall, Englewood Cliffs, N.J., 1982, 960 p.

STEVENS, Anthony, *Archetypes, a Natural History of the Self*, William Morrow, 1982, 324 p.

TURNER, Victor, « Betwixt & Between : The Liminal Period in Rites of Passage », dans *Betwixt & Between : Patterns of Masculine and Feminine Initiation*, publié sous la direction de Louise Carus Madhi, de Steven Foster et de Meredith Little, Open Court, La Salle, Illinois, 1987, 513 p.

VON FRANZ, Marie-Louise, *Puer Aeternus, The Problem of the Puer Aeternus*, Spring Publications, Zurich et New York, 1970, 287 p.

WEINMANN, Heinz, *Du Canada au Québec, généalogie d'une histoire*, coll. Essai, L'Hexagone, Montréal, 1987, 477 p.

INFORMATIONS

Pour recevoir des informations au sujet des conférences et des activités de Guy Corneau, nous vous prions de consulter le site Internet suivant :

guycorneau.com

Voici également les coordonnées de son secrétariat:

Les productions Guy Corneau
11-1100, avenue Ducharme
Montréal, Qc
Canada
H2V 1E3
Tél.: 514-271-6222
Téléc.: 514-271-3957
Courriel: guycorneau@guycorneau.com

TABLE DES MATIÈRES

Achevé d'imprimer au Canada
sur papier Enviro 100% recyclé

100%

BIO GAZ
ÉNERGIE